# Ideas originales en
# CROCHET

## 21 MODELOS para el hogar

# índice


| MODELO | | PÁGINA |
|---|---|---|
| 01 | › Cubrecama y porta pañal para el bebé | 6 |
| 02 | › Juego de sábanas y almohadón | 10 |
| 03 | › Acolchado juvenil | 14 |
| 04 | › Estilo campo | 20 |
| 05 | › Delantal gourmet | 24 |
| 06 | › Puntilla para toalla | 30 |
| 07 | › Toallas decoradas | 33 |
| 08 | › un toque de distinción | 36 |
| 09 | › Un clásico | 42 |
| 10 | › Individual y portaservilleta | 46 |
| 11 | › Estrella de flores | 49 |
| 12 | › Camino distinguido | 54 |
| 13 | › Para un licor bien servido | 60 |
| 14 | › Manta y percha para el bebé | 64 |
| 15 | › Bolso y portainfante | 70 |

| MODELO | | PÁGINA |
|---|---|---|
| 16 | › Zona de juegos | 76 |
| 17 | › Botella vestida | 78 |
| 18 | › Reposera para descansar | 82 |
| 19 | › Mariposa decorativa | 85 |
| 20 | › Jaboneras | 88 |
| 21 | › Carpeta fantasía | 92 |

# accesorios para

# el dormitorio

# 01 Cubrecama y porta pañal para el bebé

## MATERIALES

• 150 gr. hilo celeste, verde, rosa y  blanco.
• Argolla, cinta de raso, lienzo, piqué, piedras.
• Aguja de crochet Nº 0.

## MUESTRA

Flor

## PUNTOS UTILIZADOS

P. cadena, medio p., p. vareta.

## PORTA PAÑAL

Comienzo

Sobre una base de 70 cm. x 55 cm. Coser en la parte inferior en forma recta y luego en las esquinas. En la parte recta, formar amplitud para el depósito de pañales. Colocar argollas, frunzir en el extremo superior, forrar en rosa y colocar apliques de flor.
Descripción de flor: 6 cadenas en círculo, tejer 13 p. vareta. Cerrar con 3 cadenas, continuar 6 cadenas al aire en gancho con medio p. Repetir completando 5 pétalos, tejer en cada uno 5 p. vareta (ver diagrama).

| DIFICULTAD | | PUNTOS UTILIZADOS | |
| --- | --- | --- | --- |
| • Medio | | Punto cadena | O |
| |   | Medio punto | X |
| | | Punto vareta | Ŧ |

# 01 >> Cubrecama y porta pañal para el bebé

## Terminación

Pinchar las partes respetando las medidas. Sobre una superficie plana, rociar y dejar secar. Colocar cinta, piedras a gusto, piqué y argolla.

## CUBRE CAMA

### Comienzo

Sobre una base de 6 cadenas, tejer en círculo 13 puntos en p. vareta. Continuar para los pétalos 6 cadenas al aire insertando con medio p. Repetir 5 pétalos, continuar en p. vareta (ver diagrama).

## Terminación

Pinchar las partes respetando las medidas. Sobre una superficie plana, rociar y dejar secar. Unir 20 flores variando colores.

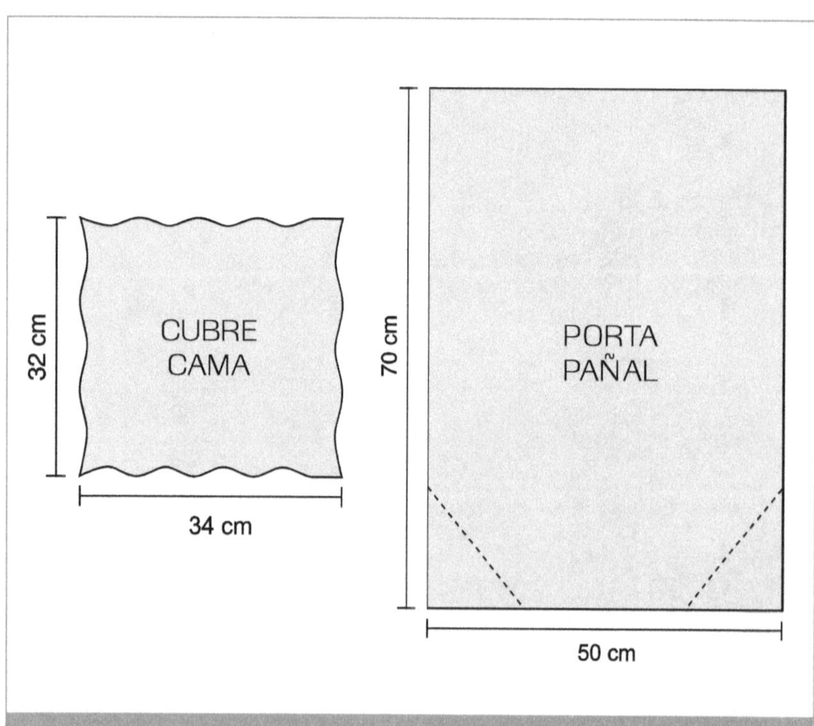

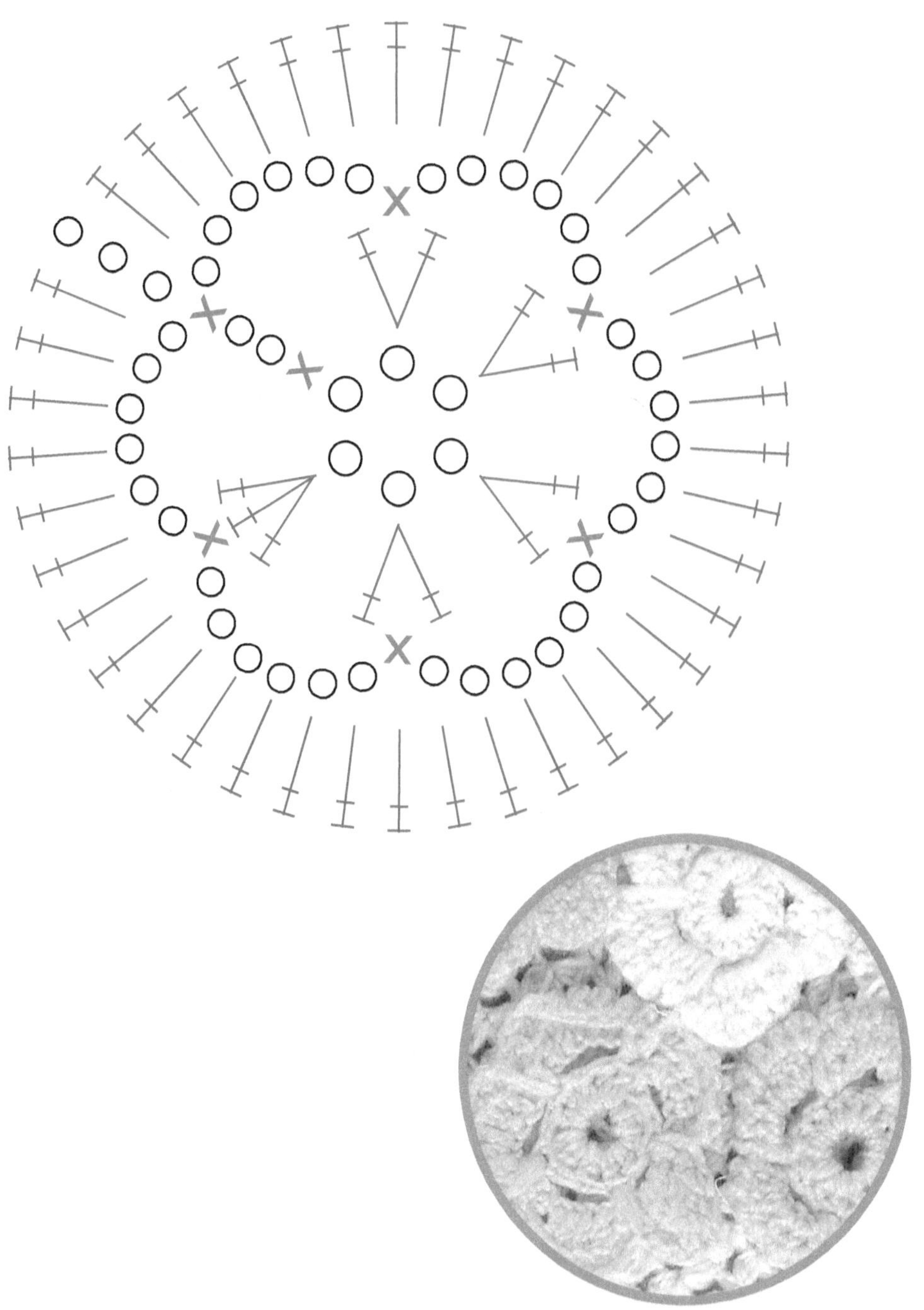

# 02 Juego de sábanas y almohadón

## MATERIALES

- 50 grs. macramé.
- Aguja N° 11/2.

## MUESTRA

10 cm. = 20 puntos

## PUNTOS UTILIZADOS

P. cadena, p. vareta, medio punto, punto picot.

## PUNTILLA

Realizar puntilla para un juego de sábana según las medida deseada. Tejer como indica el diagrama intercalando 2 hileras de color gris, 2 hileras de color blanco, 2 hileras de color natural.

### Terminación

Unir la puntilla en los extremos de fundas y en sábana.

## ALMOHADÓN

Sobre una base de 18 cm. Tejer vareta en color blanco, hasta obtener 23 cm. de alto. Realizar otra pieza.

### Terminación

Pegar 1 botón.

---

## DIFICULTAD

- Fácil

## PUNTOS UTILIZADOS

| Punto cadena | O |
| --- | --- |
| Medio punto | X |
| Punto vareta | Ŧ |

# 02 >> Juego de sábanas y almohadón

18 cm

23 cm

ALMOHADÓN

## DIAGRAMA DE ALMOHADÓN

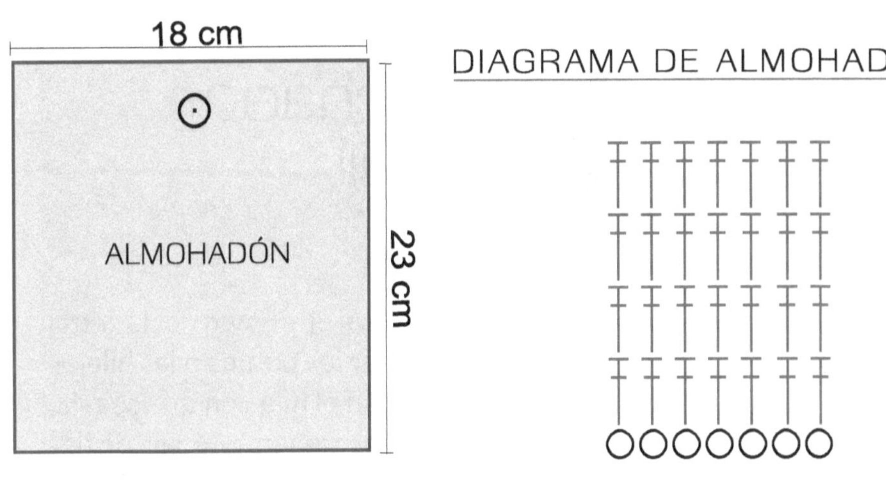

## DIAGRAMA DE PUNTILLA

# 03 Acolchado juvenil

## MATERIALES

- 75 grs. cada cuadrado lana fibra, cashmilon, hilo de algodón.
- Aguja N° 2 1/2

## MUESTRA

10 cm. = 20 puntos

## PUNTOS UTILIZADOS

P. cadena, p. vareta.

## Comienzo

Sobre una base de 66 cadenas, tejer 46 hileras de vareta, cambiando de color según indica el número o la letra. Variar los puntos o las hileras según el hilo con que se teja, todos tienen que ser distintos pero de igual tamaño.

| DIFICULTAD | PUNTOS UTILIZADOS | |
|---|---|---|
| • Fácil ● ○ ○ ○ | Punto cadena | O |
| | Punto vareta | T |

# 03 >> Acolchado juvenil

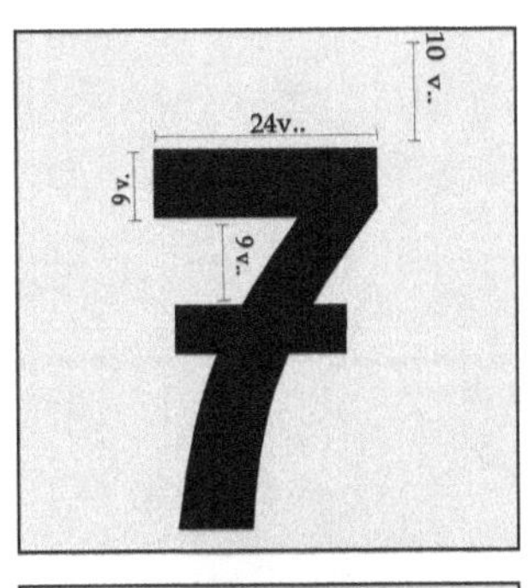
10 v..
24v..
9 v.
9 v..

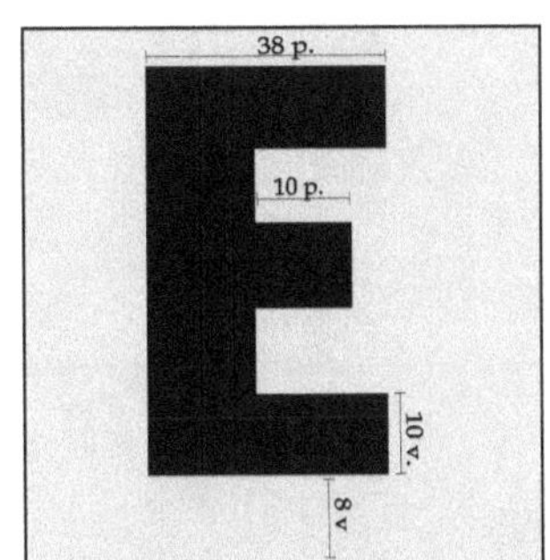
38 p.
10 p.
10 v.
8 v

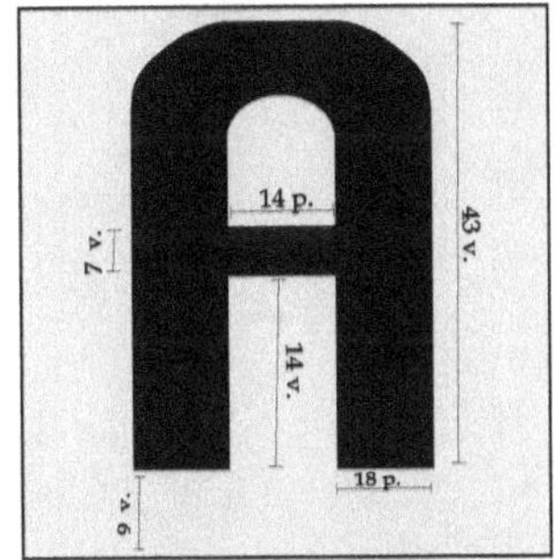
14 p.
7 v.
43 v.
14 v.
18 p.
9 v.

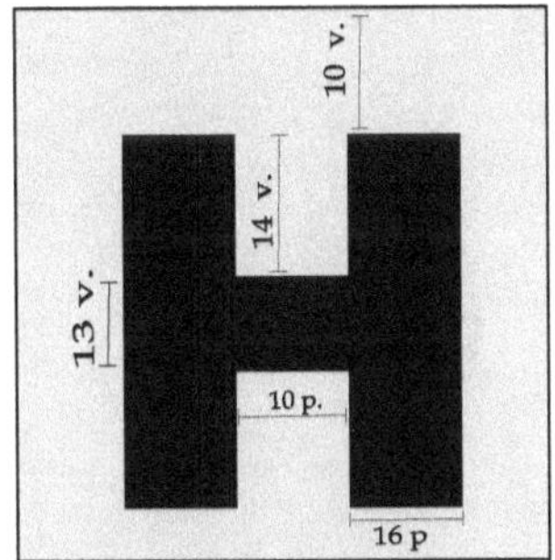
10 v.
14 v.
13 v.
10 p.
16 p

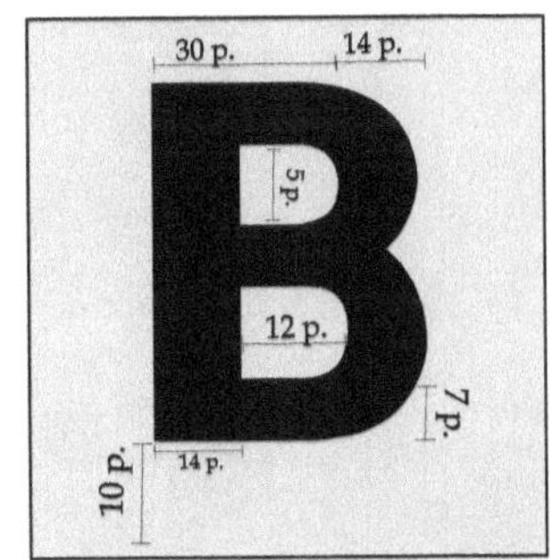
30 p.
14 p.
5 p.
12 p.
7 p.
10 p.
14 p.

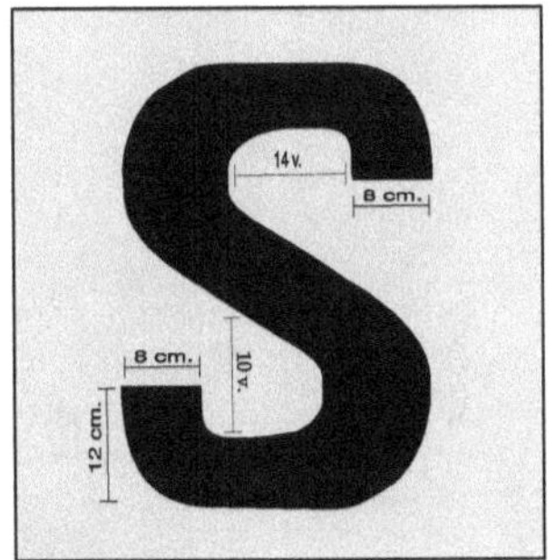
14 v.
8 cm.
8 cm.
10 v.
12 cm.

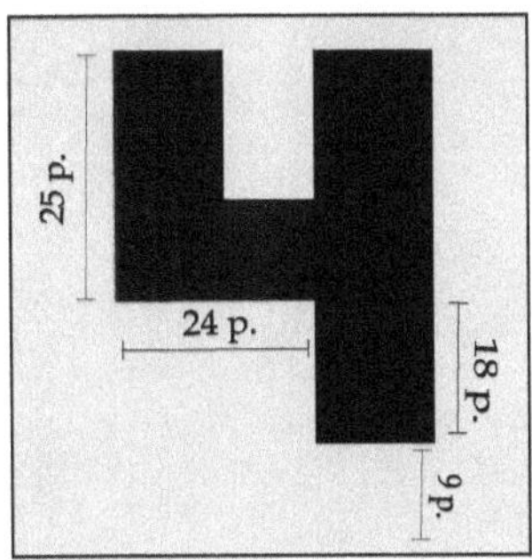
25 p.
24 p.
18 p.
9 p.

# accesorios

# para cocina

# 04 Estilo campo

## MATERIALES

- 30 grs. c/u hilos de colores.
- Lienzo.
- Aguja crochet N° 0.

## MUESTRA

10 cm. = 20 puntos

## PUNTOS UTILIZADOS

P. cadena, p. vareta, medio p., p. fantasía, p. raso, p. triple vareta.

### Comienzo

Cortar la tela en cuadrados de 22 cm. de largo. Realizar puntilla en un solo lado.

### Terminación

Pinchar las partes respetando las medidas. Sobre una superficie plana, rociar y dejar secar. Coser la puntilla al lienzo.

## DIFICULTAD

- Medio

## PUNTOS UTILIZADOS

| Punto | Símbolo |
| --- | --- |
| Punto cadena | O |
| Medio punto | X |
| Punto raso | ⌒ |
| Punto pico | 人 |
| Triple vareta | ⧻ |
| Punto vareta | ⧾ |

# 04 >> Estilo campo

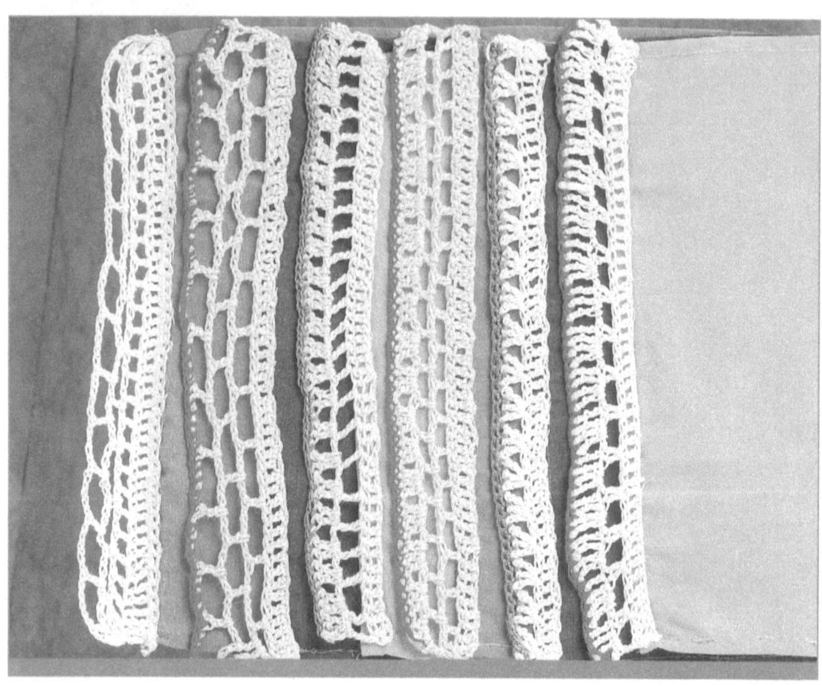

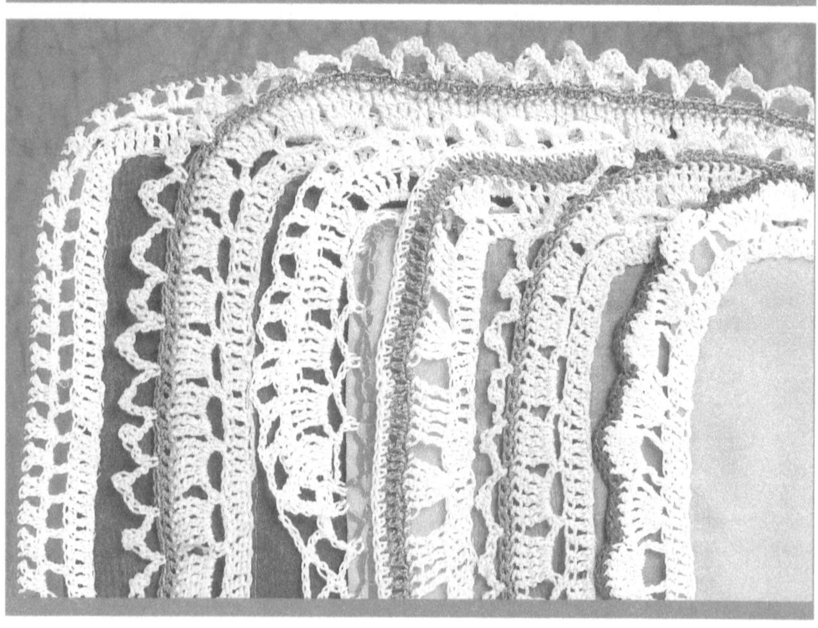

## DIAGRAMA PARA FANTASÍA

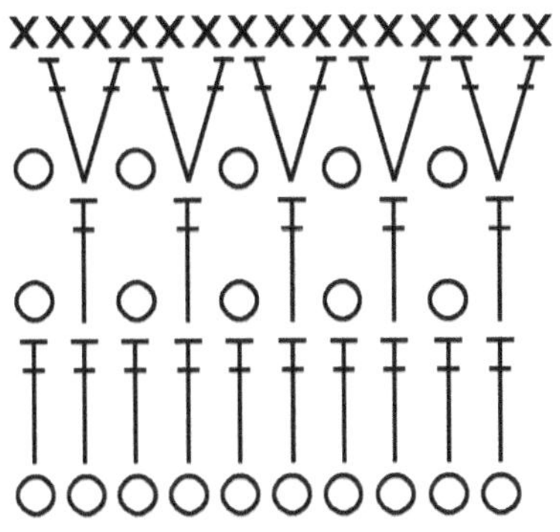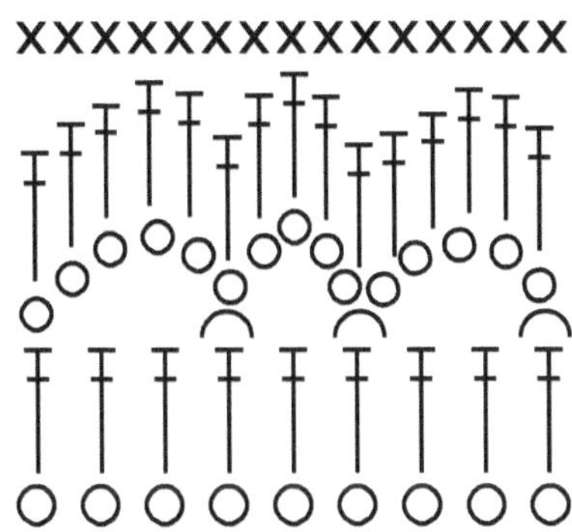

## DIAGRAMA PARA PUNTILLA

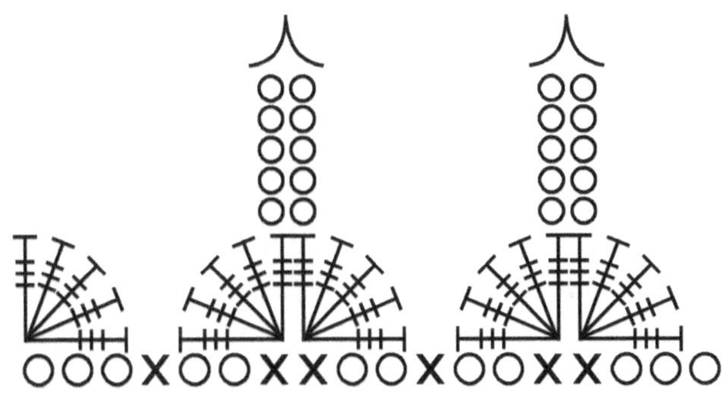

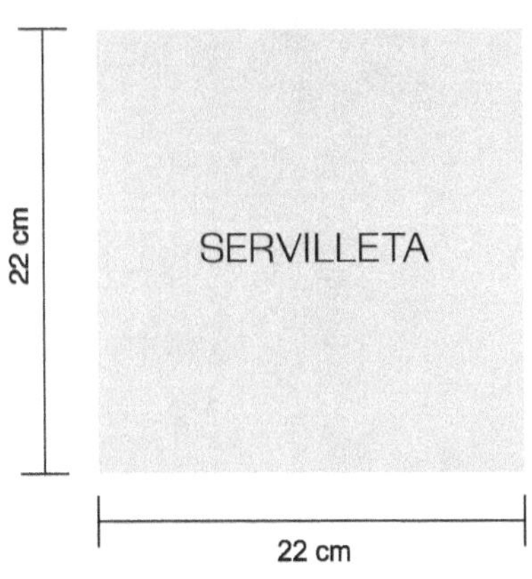

# 05 Delantal gourmet

## MATERIALES

- 100 gr. hilo blanco.
- Aguja crochet N° 0.

## MUESTRA

10 cm. = 20 puntos

## PUNTOS UTILIZADOS

P. cadena, p. vareta, p. fantasía, p. triple vareta.

## DELANTAL

### Comienzo

Sobre una cadena base de 32 cm., tejer 7 varetas separadas, cada una de ellas por 3 cadenas, formar p. fantasía. Comenzar con 6 cadenas, saltar 6 cadenas base, hacer 4 triple varetas, 6 cadenas, saltar 6 cadenas base, tejer vareta y en esa misma cadena base insertar otra vareta, tejiendo antes una cadena al aire. Continuar con 3 cadenas al aire, 1 vareta dejando 3 cadenas base, realizar 3 hileras aumentando en los lugares donde muestra el diagrama, en el principio y final del p. fantasía.

## DIFICULTAD

- Muy difícil

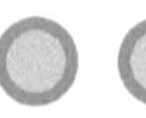

## PUNTOS UTILIZADOS

| | |
|---|---|
| Punto cadena | O |
| Medio punto | X |
| Punto vareta | Ŧ |
| Triple vareta | Ŧ |

MALCOLM HILLIER
GOO
LE CORDON BLEU
LA COCINA FRANCESA
CLASICA
LA ESCUELA
DE COCINA MAS
PRESTIGIOSA
DEL MUNDO
SUS 100
RECETAS
MUNDIALMENTE
FAMOSAS

# 05 >> Delantal gourmet

## CANASTA

### Comienzo

Sobre una cadena base de 10 puntos, unir y tejer en círculo, aumentando regularmente hasta obtener 13 cm. de diámetro. Continuar según diagrama.

## MOLDE

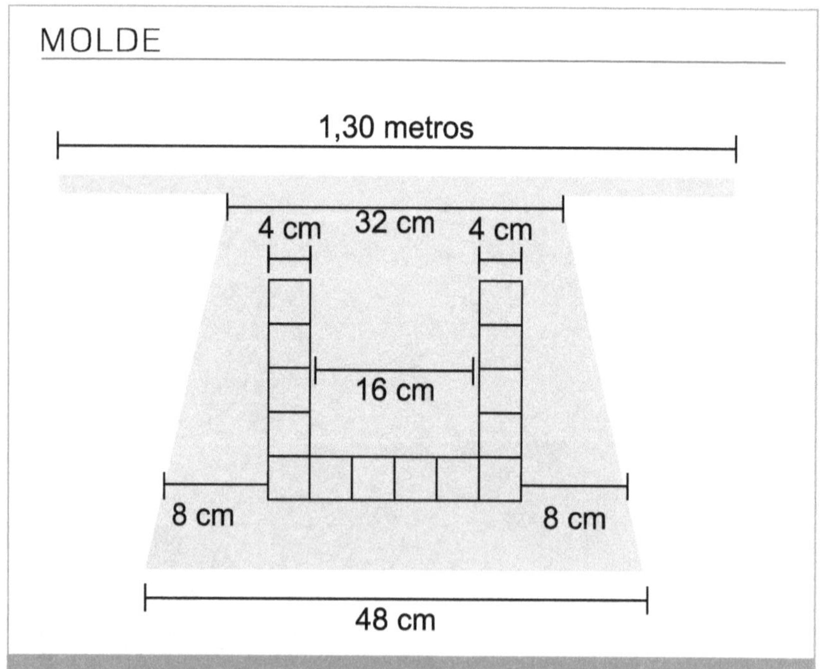

## DIAGRAMA DELANTAL

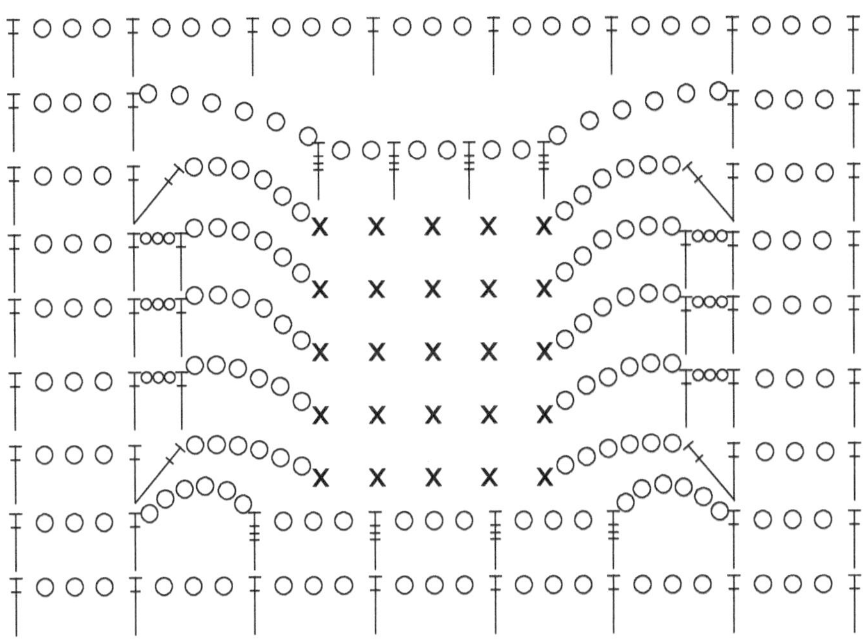

## DIAGRAMA CANASTA

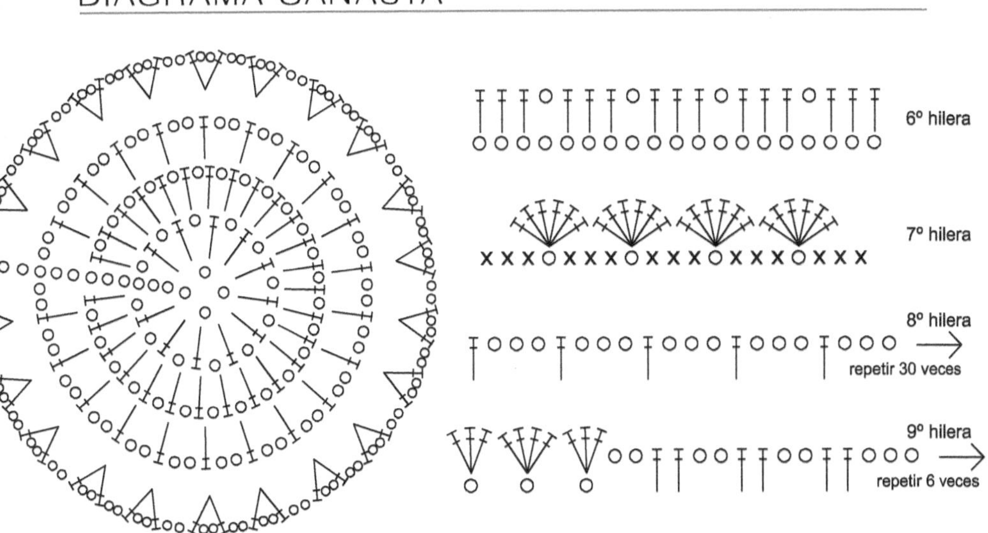

# accesorios

# para baño

# 06 Puntilla para toalla

## MATERIALES

- 50 grs. de hilo macramé.
- Toalla blanca.
- Aguja de crochet N° 1.

## MUESTRA

10 cm. = 20 puntos

## PUNTOS UTILIZADOS

P. cadena, p. vareta, medio p., 1/2 vareta.

### Comienzo

Sobre una toalla realizar 2 varetas, 2 cadenas dejando 2 puntos de base, 3 varetas, 5 cadenas en al extremo, realizar 1 abanico de 4 varetas con 3 cadenas entre sí. Próxima hilera tejer 1/2 punto en la vareta de base, 1 1/2 vareta en la cadenas de base, 3 varetas, 1 1/2 vareta, 1 1/2 punto en la vareta de base. Repetir hasta finalizar los arcos de 3 cadenas, tejer 5 cadenas de base, tejer 3 varetas en las varetas de base, continuar con 2 cadenas al aire,

| DIFICULTAD | PUNTOS UTILIZADOS | |
| --- | --- | --- |
| • Medio | Punto cadena | O |
| | Medio punto | X |
| | Punto vareta | ⊤ |
| | Punto 1/2 vareta | T |

# 06 >> Puntilla para toalla

realizar 2 varetas. Siguiente hilera subir con 3 cadenas, tejer 1 vareta, 2 cadenas al aire, tejer 3 varetas en las varetas de base, realizar 5 cadenas al aire insertando con 1 1/2 punto en el centro del 2° abanico. Repetir. Próxima hilera tejer en el 1/2 punto de base un abanico de 4 varetas con 3 cadenas entre sí (ver diagrama). Repetir el dibujo, para realizar los arcos en los pétalos insertar con vareta del pétalo central del trébol anterior. Tejer 30 dibujos para un toallón de 70 cm. de ancho. Repetir mas o menos 21 tréboles.

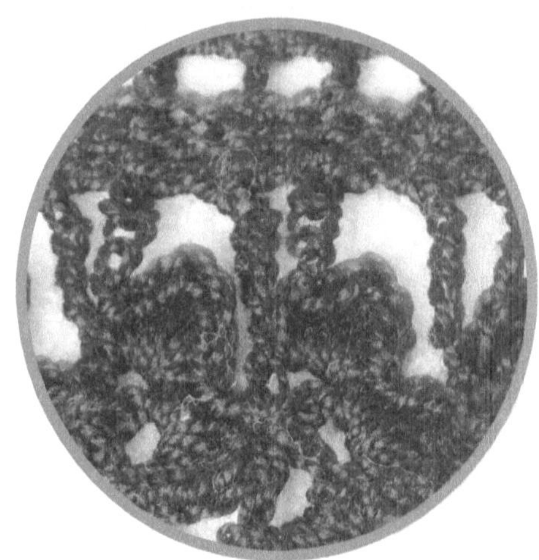

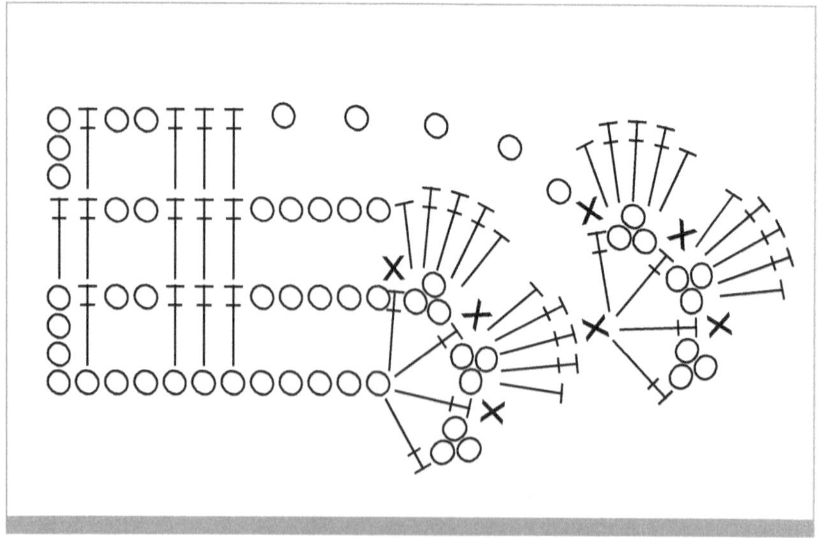

# 07 Toallas decoradas

## MATERIALES

- 100 grs. macramé (toallón).
- 50 grs. macramé (toalla).
- Aguja N° 3.

## MUESTRA

10 cm. = 20 puntos

## PUNTOS UTILIZADOS

P. cadena, p. vareta, medio punto, p. picot.

### Comienzo

Sobre una base 52 puntos, tejer según el gráfico ( la cruz equivale a 4 varetas, el cuadrado equivale a 1 vareta, 2 cadenas, 1 vareta.)

## PUNTILLA

### Terminación

Tejer 5 medio punto, 1 p. picot. Realizar una con 5 pajaros y otra con 3.

---

## DIFICULTAD

- Medio

## PUNTOS UTILIZADOS

$\times$ = 

$\square$ = 

# 07 >> Toallas decoradas

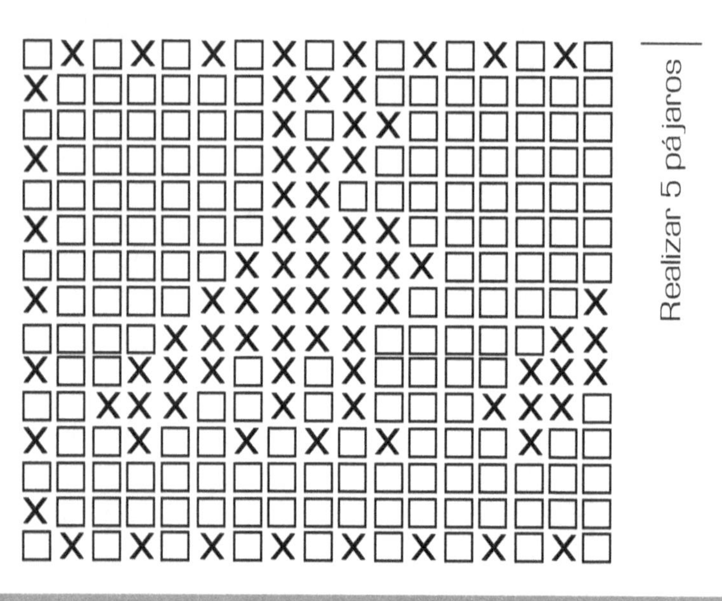

Realizar 5 pájaros

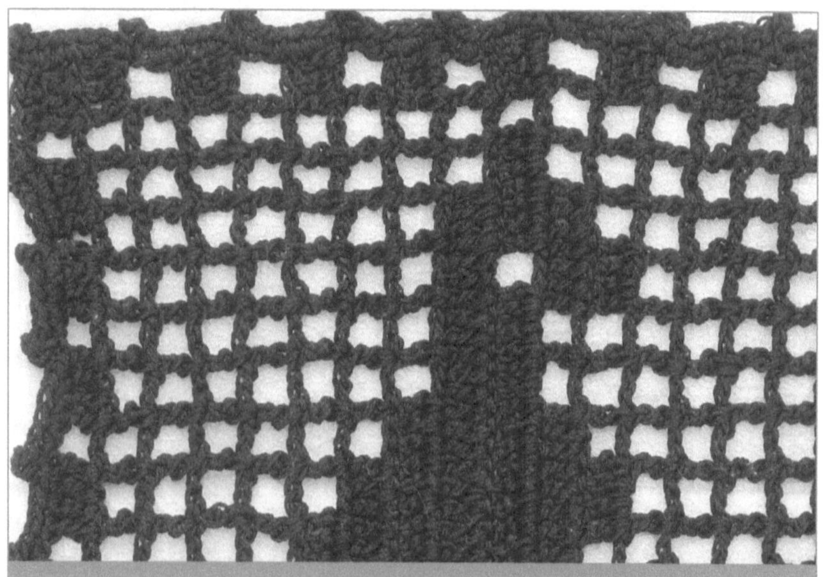

# 08 Un toque de distinción

## MATERIALES

- 100 gr. hilo de colores.
- 80 gr. hilo macramé.
- Forro de plástico, raso, piedras, piqué labrado, cinta, lienzo, puntilla, elástico.
- Aguja de crochet N° 0.

## MUESTRA

10 cm. = 20 puntos

## PUNTOS UTILIZADOS

P. cadena, medio p., p. vareta, p. fantasía, triple vareta.

## CORTINA DE BAÑO

### Comienzo

Sobre una base de 1,80 x 2 cm., coser un lienzo impermeable. Tejer una cadena de 1,80 cm. de largo 1 hilera en medio p. 5 hileras en vareta. Comenzar en p. fantasía. Cortar la hebra y rematar. Hacer flores intercalandolas. Realizar bolados en p. fantasía, tejidos en una cadena de 46 x 17 cm. Unir con otros de tela.

## DIFICULTAD

- Muy difícil

## PUNTOS UTILIZADOS

| Punto cadena | O |
|---|---|
| Punto vareta | 〒 |
| Medio punto | × |
| Triple vareta | 〒 |
| Punto pico | 人 |

# 08 >> Un toque de distinción

### Terminación

Pinchar las partes respetando las medidas. Sobre una superficie plana, rociar y dejar secar. Coser pasacinto de piqué labrado, llevarla a parte superior de la prenda. Colocar moño con piedras a gusto.

## CUBRE SANITARIOS

### Comienzo

Sobre una base de 40 x 35 cm., realizar en lienzo impermeable dos fundas y dos tiras de 13 cm. x 98 cm. Unir las tiras a la funda. Colocar elástico y puntilla; en los bordes y a 10 cm. de la parte inferior. Comenzar alrededor de la puntilla en p. fantasía. Cortar la hebra y rematar. En la puntilla que está colocado a 10 cm. parte inferior, tejer 6 cm. en p. fantasía. Colocar flor en el medio de los 28 cm. de la puntilla, sobre la parte superior, realizar el p. raso. Sobre una cadena base de 20 cm. x 9 cm. en medio p., tejer cade-

na al aire y sobre ella 1 hilera de 1/2 vareta, pegar las cintas de raso.

### Terminación

Pinchar las partes respetando las medidas. Sobre una superficie plana, rociar y dejar secar. Colocar moño, piedras a gusto y pasacinto.

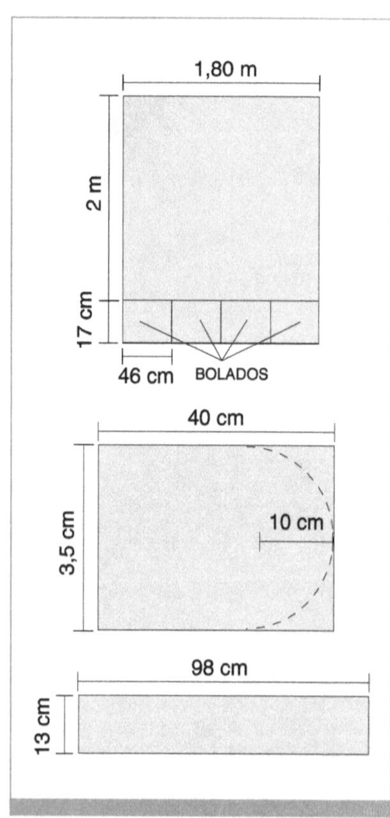

## DIAGRAMAS
## PUNTO FANTASÍA

## DIAGRAMAS
## PUNTO PUNTILLA

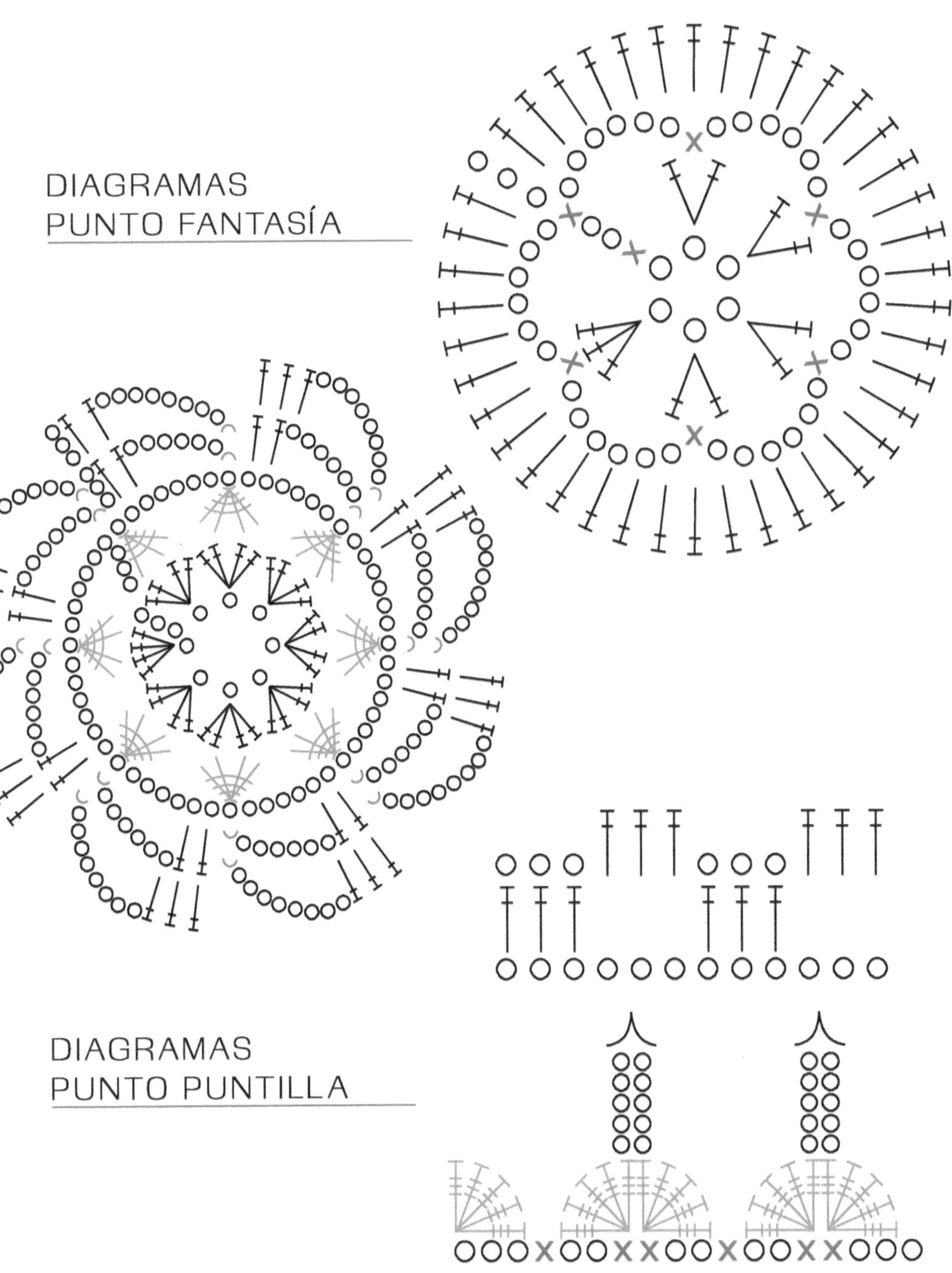

# 08 » Un toque de distinción

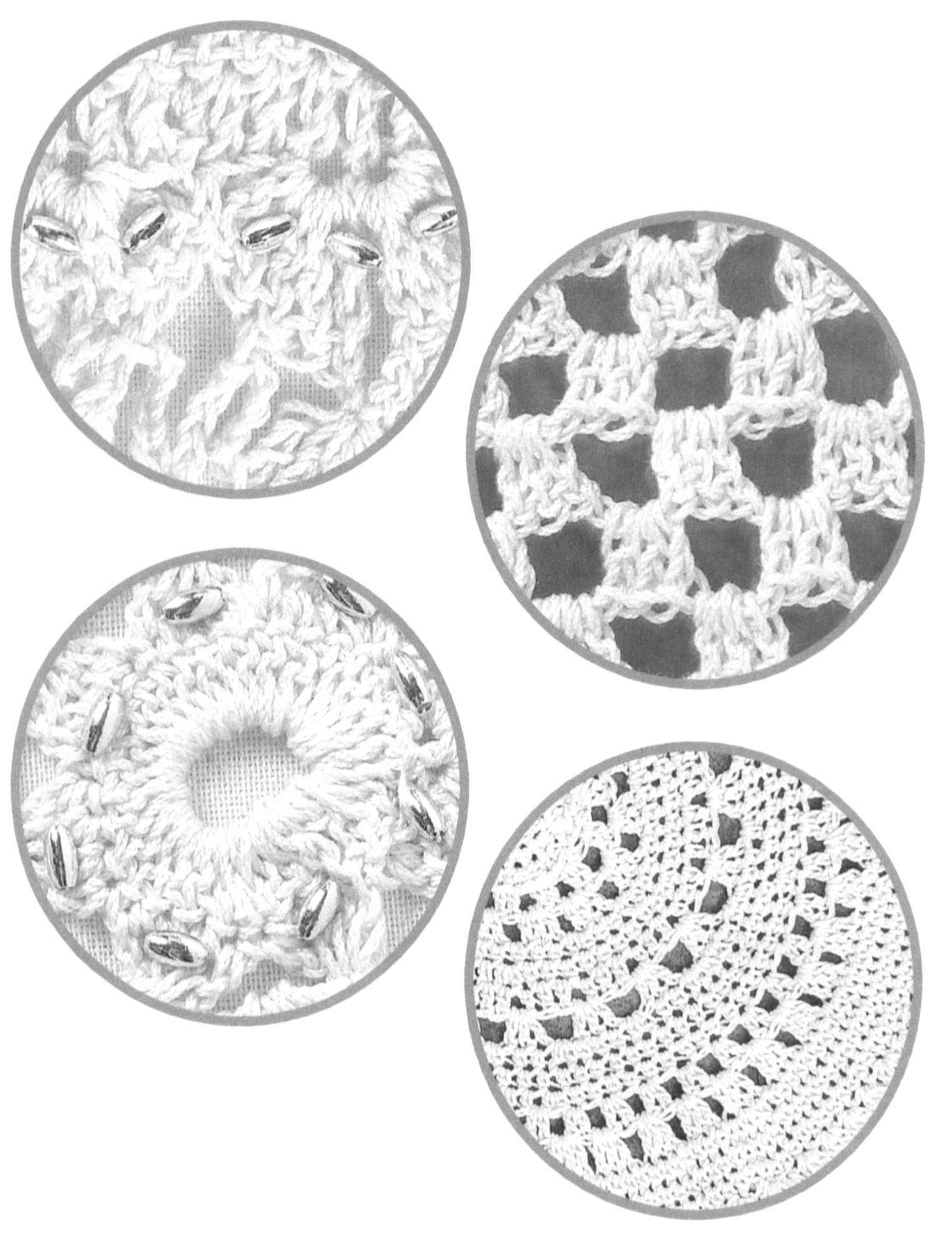

# centros de mesa

# e individuales

# 09 Un clásico

## MATERIALES

- 120 gr. hilo blanco.
- Aguja de crochet N° 1.

## MUESTRA

10 cm. = 20 puntos

## PUNTOS UTILIZADOS

P. cadena, p. vareta, medio p.

### Comienzo

Sobre una base de 10 p.; luego 2 h. de 24 var. 3° h., 3 cad. al aire, se engancha cada 3 var. 4° h., dentro de cada arco, hacer 5 var., 1 cad. al aire, repetir hasta terminar la h., continuar 3 cad. al aire, 5 var. cerradas juntas, 1 en cada h., repetir hasta terminar. Comenzar un arco de 5 cad. al aire (ver diagrama), tejer 10 var. dentro de los arcos correspondientes, entre cada abanico hacer 1 cad. de 10 p. al aire. Cerrar. En el mismo punto que se terminó, tejer p. corrido hasta la 3° var.,

## DIFICULTAD

- Muy difícil

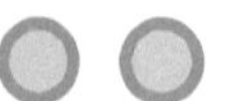

## PUNTOS UTILIZADOS

| | |
|---|---|
| Punto cadena | O |
| Punto vareta | T |
| Medio punto | × |
| Punto raso | ⌒ |
| Punto 1/2 vareta | T |
| 3 varetas enlazadas | ⫲ |

# 09 >> Un clásico

continuar 1 var., saltear 3 var., continuar 1 vareta; cerrar juntas. Repetir hasta completar 9 h., comenzar 40 var. en el arco de 10 cad., salir y volver con p. corrido, al mismo p., continuar 3 cad. al aire, 3 cad. cerrar en círculo 3 cad. al aire, hacer otro arco; completar la h. 10º, tejer la flor entre cada arco, continuar la siguiente h. con 3 cad. de arco, bordear todo el círculo, siguiente h., en cada arco, hacer un abanico de 9 var. y sobre la flor, 3 grupos de 3 var. cerradas juntas. Continuar h. con abanico de 8 var. intercaladas cada 1 cad. Entre c/u, 2 grupos de 3 var., comenzar 1 abanico de 18 var., sobre el anterior, 1 grupo de 3 var. juntas hacer un abanico sobre el anterior de 10 var., con una cad. entre c/u, y un arco de 3 cad., tejer un abanico de 28 var., 3 cad. al aire, insertar en el arco de la h. anterior,

continuar con arcos de 5 cad. hasta completar h.. Tejer 2 círculos iguales, tener 2 flores y 4 medias flores.

Sobre una cad. de 5 p., tejer 2 var., 2 cad. al aire insertadas en 1 medio p. en el arco. Continuar 12 arcos de 5 cad. con medio p. Siguiente h., cada 2 arcos, tejer un grupo de 3 var. cerradas juntas, repetir y cerrar.

Unir los 2 círculos, con una cad. de arcos de 5 p. con las 2 flores en el centro, las 4 medias flores en los 4 extremos.

## Terminación

Bordear con 1 h. de arcos con 5 var. A continuación, tejer abanicos de 10 var. en c/u. Siguiente h., arcos de 5 p., continuar igual. Siguiente h., terminar en 5 var. con 1 picot entre cada arco por medio.

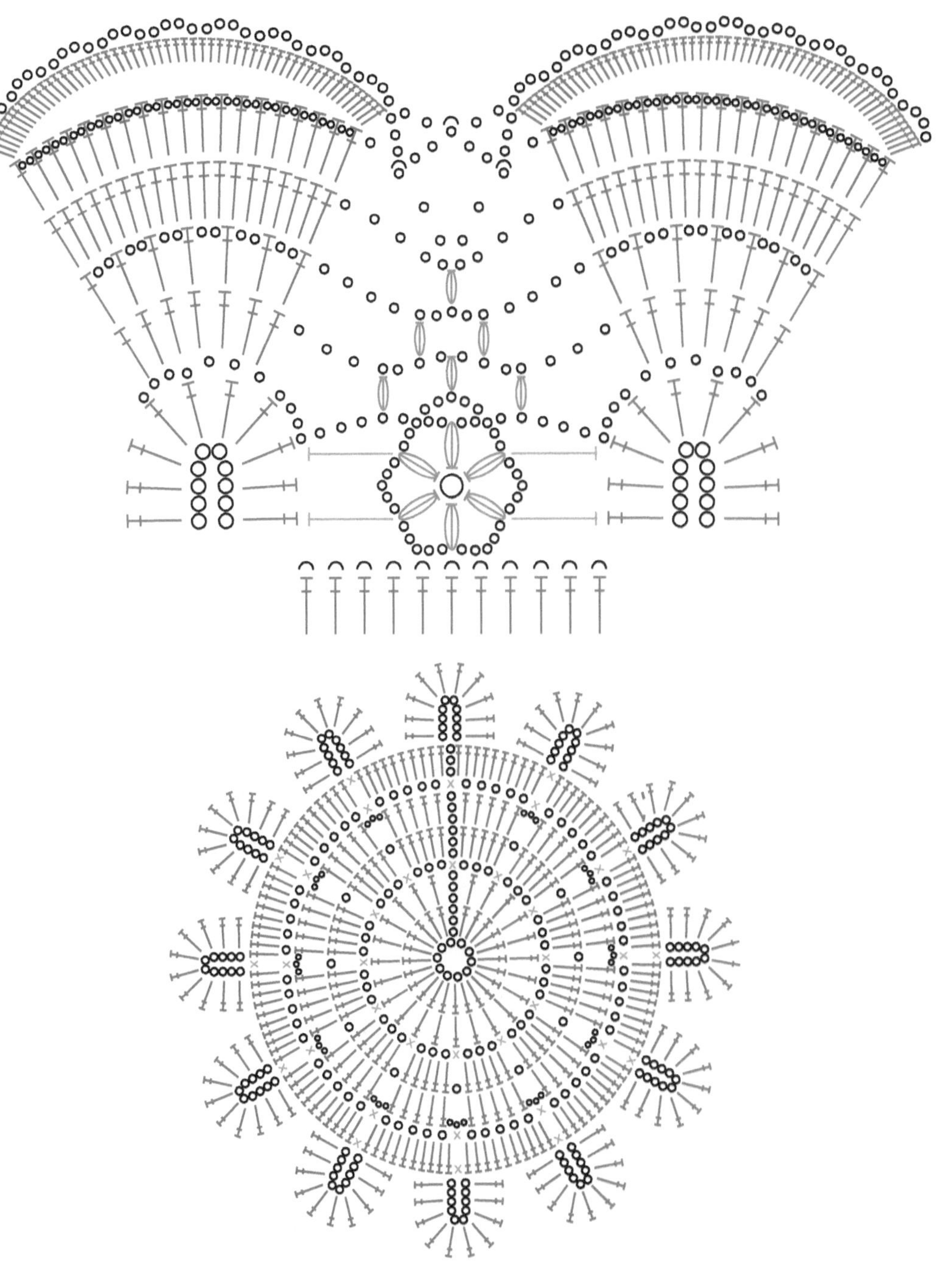

# 10 Individual y portaservilleta

## MATERIALES

• 50 grs. Macramé.
• Aguja N° 11/2.

## MUESTRA

10 cm. = 20 puntos

## PUNTOS UTILIZADOS

P. cadena, p. vareta, medio punto, punto picot.

## PORTA SERVILLETA

Sobre una base de 3 cadenas. Subir con 3 cadenas, realizar 2 varetas. Continuar aumentando en ambos extremos como indica el diagrama. Realizar la prenda según el individual deseado. Contornear el porta servilleta como indica el diagrama de terminación.

## Terminación

Contornear individual y servilleta como indica el diagrama.

| DIFICULTAD | PUNTOS UTILIZADOS | |
|---|---|---|
| • Fácil | Punto cadena | O |
| | Medio punto | × |
|  | Punto vareta | ⊤ |
| | Punto 1/2 vareta | T |

# 10 >> Individual y portaservilleta

## CONTORNO DE INDIVIDUAL Y SERVILLETA

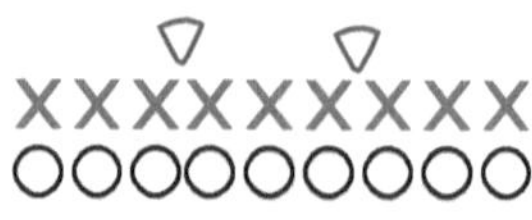

## TERMINACIÓN DE PORTA SERVILLETA

## PORTA SERVILLETA

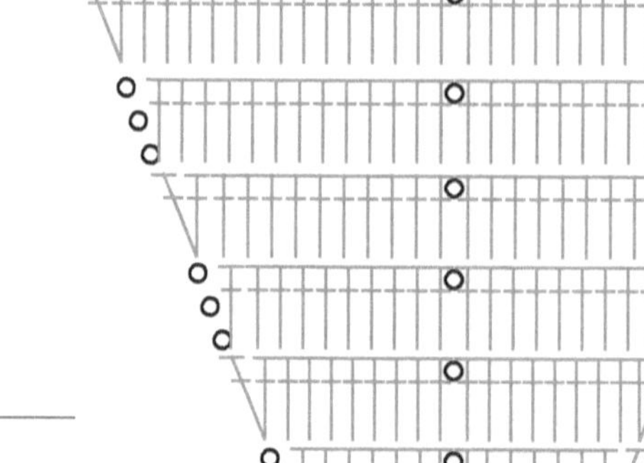

# 11 Estrella de flores

## MATERIALES

- 100 grs. algodón.
- Aguja N° 11/2.

## MUESTRA

10 cm. = 20 puntos

## PUNTOS UTILIZADOS

P. cadena, p. vareta, medio punto.

### Comienzo

Sobre una base de 8 cadenas. Subir con 3 cadenas, continuar con 2 cadenas, tejer 1 vareta, 2 cadenas, repetir hasta obtener 8 arcos. 3° hilera, subir con 3 cadenas, realizar 4 cadenas, 1 vareta, repetir hasta obtener 8 arcos totales. 4° hilera tejer en el arco abanico de 2 varetas, 3 cadenas, tejer 1 cadena al aire, repetir. 5° hilera tejer abanico de 3 varetas, 2 cadenas (en el mismo de base), continuar con 2 cadenas al aire, repetir. 6° hilera tejer en el abanico 8 varetas continuar con 2 cadenas, repetir. 7° hilera realizar sobre las varetas, 10 varetas, continuar con 3 cadenas al aire, repetir. 8° hi-

| DIFICULTAD | PUNTOS UTILIZADOS | |
|---|---|---|
| • Muy difícil | Punto cadena | O |
|  | Medio punto | X |
| | Punto vareta | ⊤ |

# 11 >> Estrella de flores

lera realizar sobre las mismas 12 varetas, 4 cadenas, repetir. 9° hilera realizar en las mismas 14 varetas, 3 cadenas, repetir. Tejer  la carpeta aumentando 2 varetas en ambos lados de la hoja con 3 cadenas al aire, hasta obtener 22 varetas. Continuar la carpeta según indica el diagrama a partir de la hilera 10 °.
Flor que se teje aparte:
Sobre una base de 4 cadenas. Subir con 3 cadenas, tejer 24 varetas. 3° hilera subir con 3 cadenas, realizar 3 cadenas al aire, 1 vareta, repetir hasta obtener 8 arcos totales. 4° hilera subir con 3 cadenas, tejer 6 varetas, 4 cadenas al aire, 7 varetas, repetir. 5° hilera tejer 7 varetas sobre las mismas, 2 cadenas,  realizar abanico de 3 varetas, 2 cadenas, repetir. 6° hilera 7 varetas que cierran juntas, 6 cadenas al aire, 3 varetas que cierran juntas sobre el abanico, 6 cadenas, repetir.

## Terminación
Unir la flor a la carpeta (ver diagrama). Continuar como indica el mismo.

# 11 >> Estrella de flores

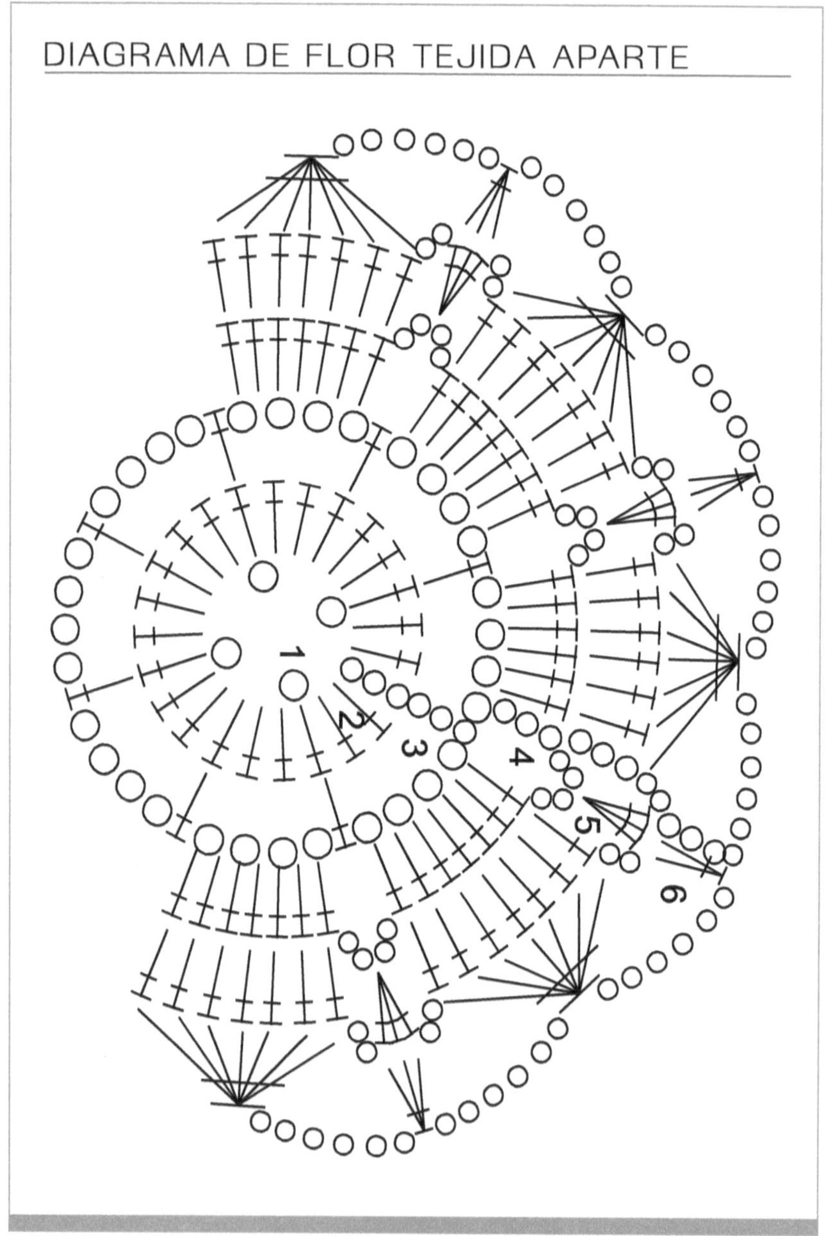

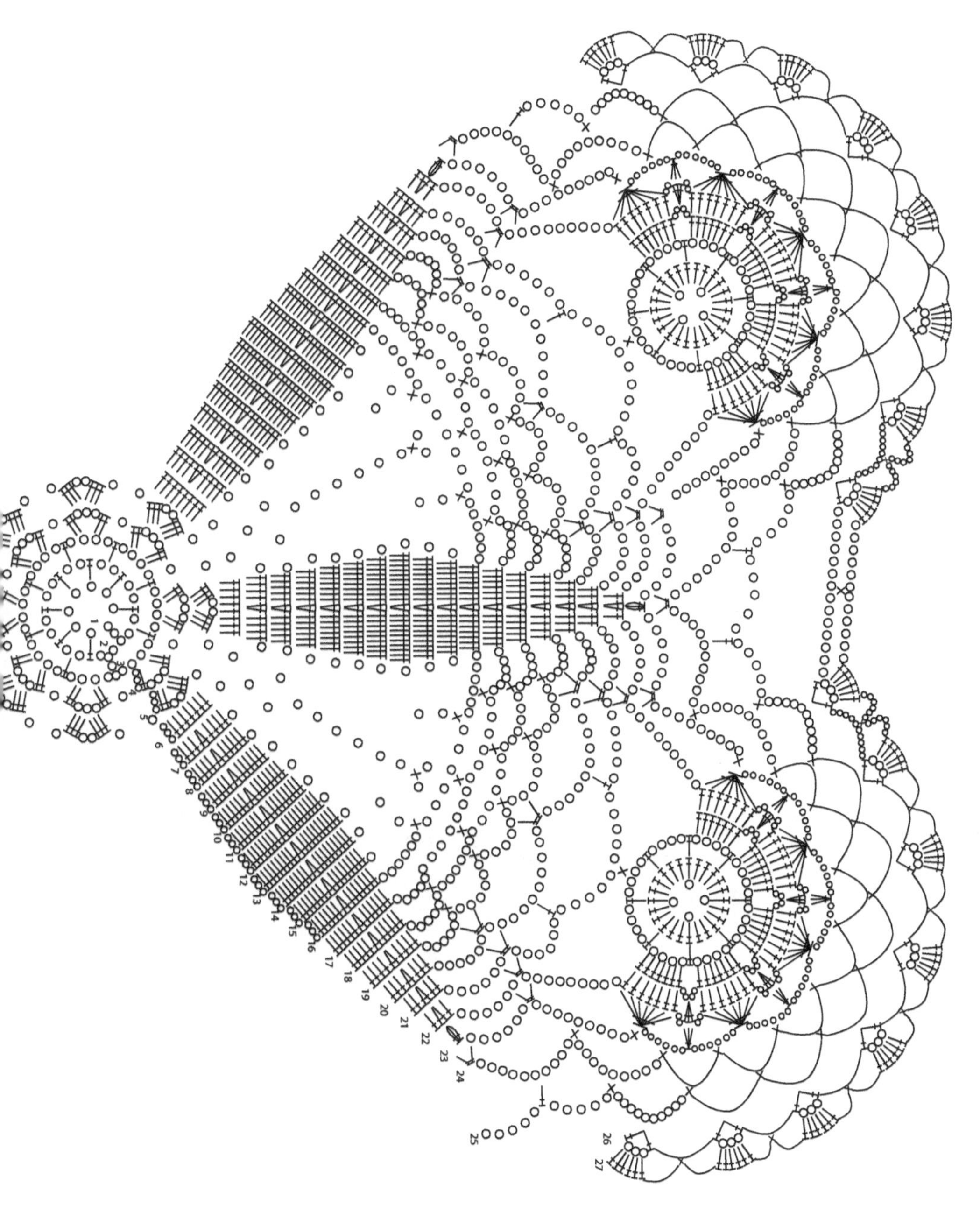

# 12 Camino distinguido

## MATERIALES

- 50 grs. Algodón fino.
- Aguja N° 11/2.

## MUESTRA

10 cm. = 20 puntos

## PUNTOS UTILIZADOS

P. cadena, p. vareta, medio punto.

### Comienzo

Tejer según indica el diagrama. Referencia cuadrado equivale 1 vareta, 2 cadenas, 1 vareta. La x equivale a 4 varetas.

### Terminación

Al finalizar el dibujo, realizar en el contorno del mismo diagrama de terminación. Abanicos de 6 varetas insertar con medio punto, tejer 6 cadenas, medio punto continuar con abanico. 2° hilera tejer sobre las varetas, 2 varetas que cierran juntas, 3 cadenas, 2 varetas que cierran juntas, 3 cadenas, 2 varetas que cierran juntas, 3 cadenas, medio punto, 3 cadenas, repetir.

## DIFICULTAD

- Medio

## PUNTOS UTILIZADOS

| | |
|---|---|
| Punto cadena | O |
| Punto vareta | Ŧ |
| Medio punto | ✕ |
| ✕ = | ŦŦŦŦ |
| ☐ = | ŦOOŦ |

# 12 >> Camino distinguido

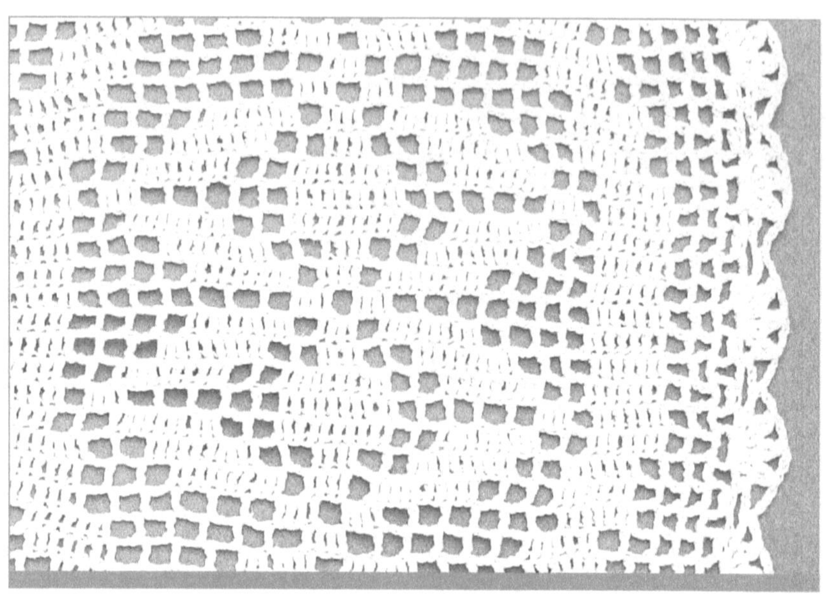

## DIAGRAMA DE TERMINACIÓN

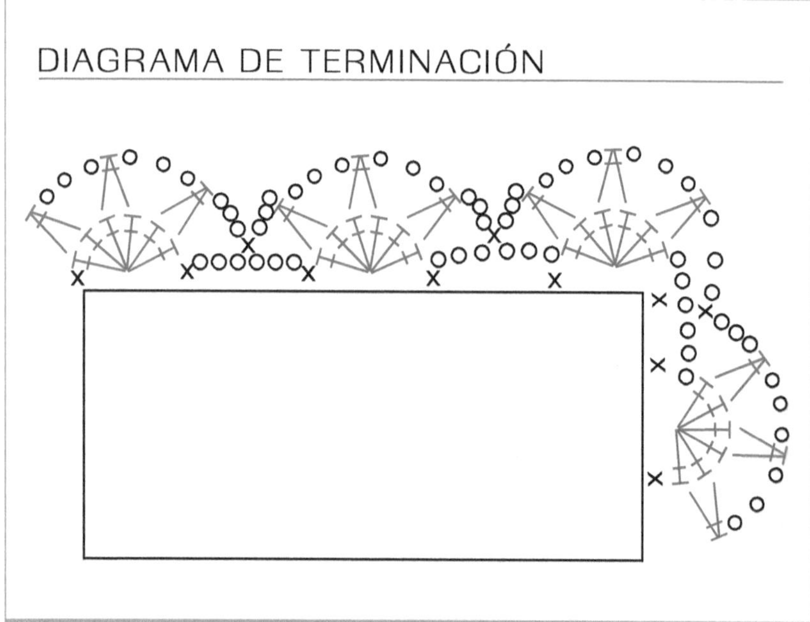

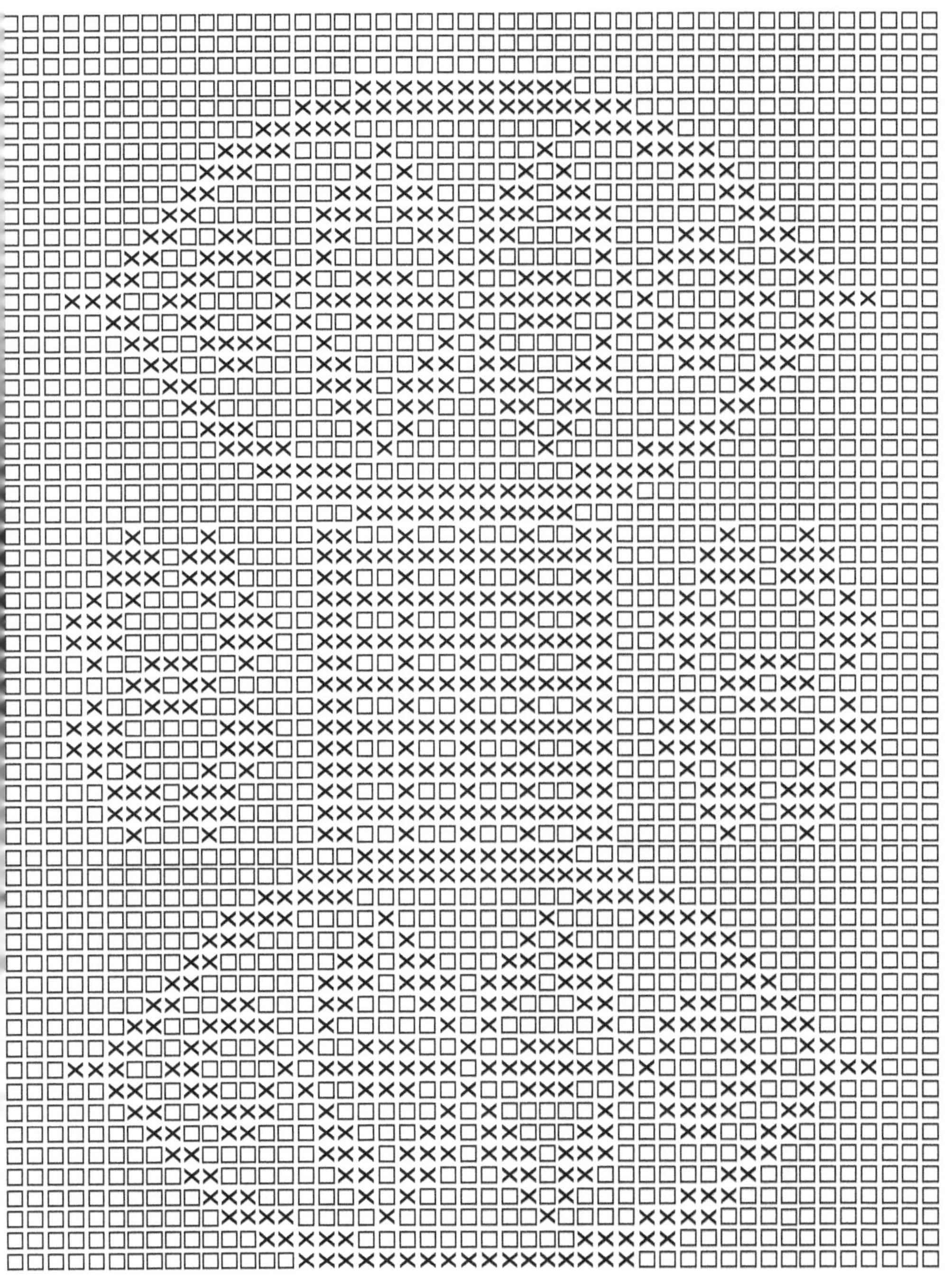

# accesorios

# originales

# 13

# Para un licor bien servido

## MATERIALES

• 100 gr. de hilo blanco.
• Aguja crochet N° 0.

## MUESTRA

10 cm. = 20 puntos

## PUNTOS UTILIZADOS

P. cadena, p. vareta, p. 3 varetas enlazadas.

## CARPETA

Comienzo
Sobre una base de 5 puntos, unir y tejer en círculo 26 var., 2° hilera, tejer 2 var., 5 cadenas al aire, dejar 1 punto de base, 2 var. 3 lazada, 5 cadenas al aire, 2 var., 1 var. de base, repetir hasta obtener las 8 puntas. Subir con 3 cadenas al aire, 2 var., insertar en la 5° cadena base, dejar 3 cadenas al aire, tejer 3 var. en el arco de 5 cadenas, 3 var., 3 cadenas al aire, 3 var.. Sobre el otro arco tejer igual, repetir hasta finalizar hilera. Continuar donde tejimos, 3 var., 3 cadenas al aire, 3 var., realizar

| DIFICULTAD | PUNTOS UTILIZADOS | |
|---|---|---|
| • Difícil | Punto cadena | O |
| | Punto vareta | X |
| 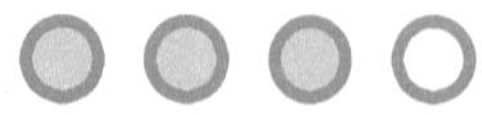 | 3 varetas entrelazadas  | |

# 13 >> Para un licor bien servido

2 var., sobre las var. base y 2 var., sobre las 3 cadenas, tejer 3 cadenas al aire, continuar 2 var. sobre el arco y 2 var. sobre la var. base, tejer 1 cadena. Repetir. Siguiente hilera, donde realizamos 4 cadenas, tejer 5 cadenas, continuar disminuyendo var.. (ver diagrama)

## POSAVASO

### Comienzo

Sobre 1 base de 10 puntos, unir y tejer en círculos, 2 hileras en var. hasta obtener 56 puntos. Dividir el tejido con 2 cadenas, 3 var., 1 cadena, 3 var., 2 cadenas. Repetir hasta finalizar hilera. Comenzar con 3 cadenas, 4 var., 1 cadena, 4 var., 3 cadenas. Siguiente hilera, 5 cadenas, 4 var., 1 cadena, 4 var., 5 cadenas. Próxima hilera, 5 cadenas unidas por 1 punto raso, en medio de las 5 cadenas base, 5 cadenas, 3 var., 1 cadena, 3 var., 5 cadenas unidas en medio de 5 cadenas base, 5 cadenas. Repetir. Continuar con 4 var. cerradas juntas, 3 cadenas, 1 var., en medio de las 5 cadenas base, 8 cadenas al aire, insertar en las últimas 5 cadenas base, 3 cadenas, tejer 5 var. cerradas juntas. Repetir hasta finalizar hilera. (ver diagrama)

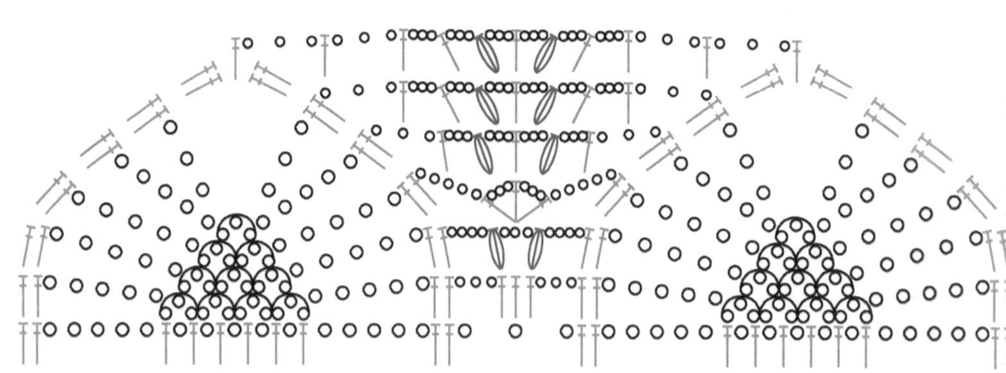

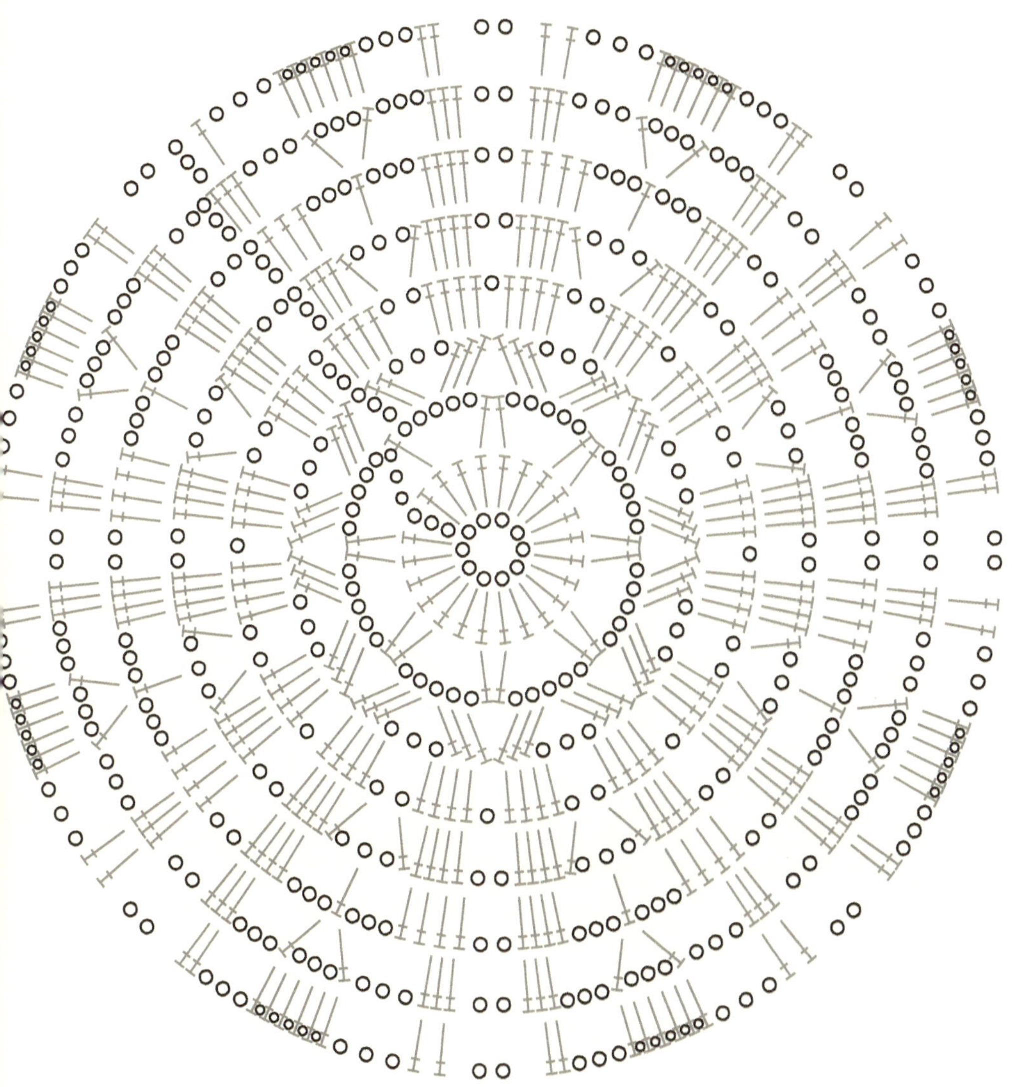

# 14 Manta y percha para el bebé

## MATERIALES

• 230 gr. lana verde, rosa y celeste.
• Cinta de raso, huata, lienzo, piedras.
• Aguja de crochet Nº 0.

## MUESTRA

10 cm. = 20 puntos

## PUNTOS UTILIZADOS

P. cadena, medio p., p. vareta, 1/2 vareta, p. pico, p. fantasía, triple vareta (ver diagramas).

## DIFICULTAD

• Medio

## MANTA

### Comienzo

Sobre una base de 36 cm. en p. vareta, tejer 2 hileras con un cartón de 4 cm. x 2 cm. de ancho. Se coloca dentro del tejido, continuar en p. fantasía. Realizar una lazada envolviendo el cartón. Continuar el p. base de medio p. y en p. vareta hileras hasta obtener 36 cm. x 24 cm. Contornear con lana de otro color

| PUNTOS UTILIZADOS | |
| --- | --- |
| Punto cadena | O |
| Punto 1/2 vareta | T |
| Punto vareta | Ŧ |
| Punto pico | 人 |
| Triple vareta | Ŧ |
| Medio punto | × |

# 14 >> Manta y percha para el bebé

(indica en foto). Coser el pasacinto en triple vareta, continuar 6 cm. en p. fantasía.

## Terminación
Pinchar las partes respetando las medidas. Sobre una superficie plana, rociar y dejar secar. Colocar cinta, terminar en p. puntilla.

## PERCHA

### Comienzo
Sobre una percha, forrar con huata y lienzo. Sobre una cadena base de 30 cm. en p. 1/2 vareta (el largo varía según la percha) Tejer 10 cm. de ancho. Cortar la hebra y rematar. Forrar la percha cosiendo los lados.

### Terminación
Pinchar las partes respetando las medidas. Sobre una superficie plana, rociar y de-

jar secar. Colocar piedras a gusto, piqué con cinta. Forrar sostén con la cinta.

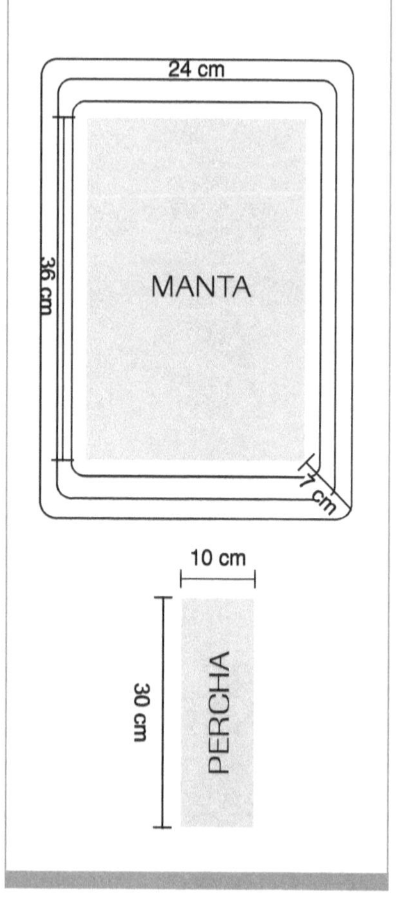

## DIAGRAMA PUNTO FANTASÍA

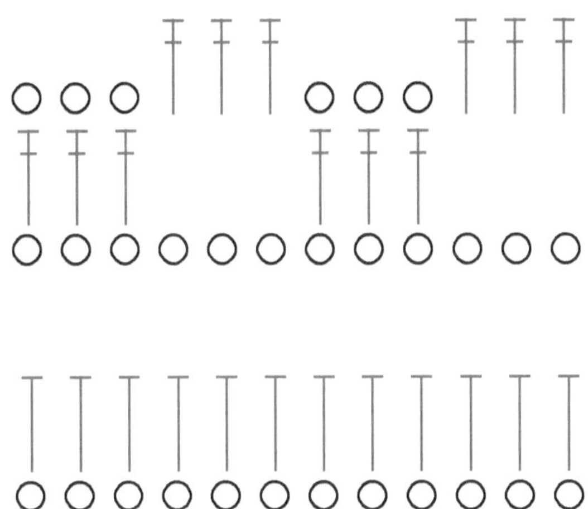

## DIAGRAMA PUNTO PUNTILLA

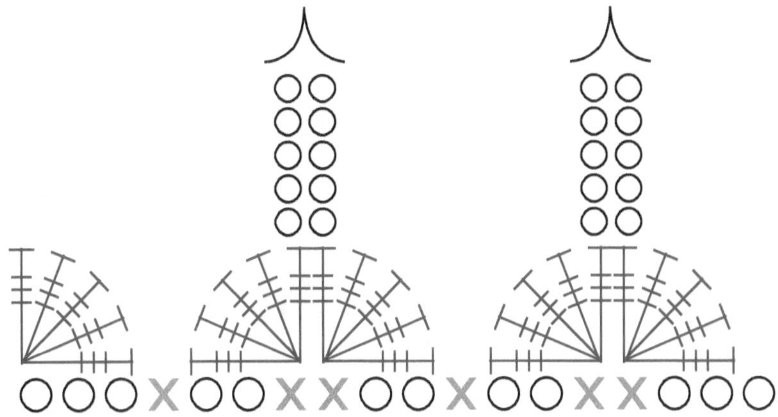

# 14 >> Manta y percha para el bebé

# 15 Bolso y porta infante

## MATERIALES

- 150 gr. hilo de acrílico blanco.
- Lana fina, acrílico, verde agua, rosa, celeste, blanca, amarilla, 160 gr. c/u.
- Huata de 2m. x 60.
- Lienzo 2m. x 60.
- Tela interior 1m. x 60.
- Cierre de belcro 1m.
- Cinta 2m.
- Piqué 1,20m.
- Cinta de raso 1,50m.
- Botón.
- Aguja crochet Nº 0.

## MUESTRA

10 cm. = 24 puntos (porta infant)
20 cm. = 24 puntos (bolso de bebé)

## PUNTOS UTILIZADOS

P. cadena, p. vareta.

## PORTA INFANTE

Comienzo
Coser doblando la tela al medio, dejando 10 cm. para el cierre. Tejer 63 flores (ver diagrama).

## DIFICULTAD

- Medio 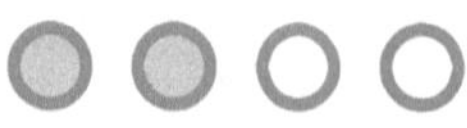

## PUNTOS UTILIZADOS

| Punto cadena | O |
| Punto vareta | Ŧ |

# 15 >> Bolso y porta infante

## Terminación

Pinchar las partes respetando las medidas. Sobre una superficie plana, rociar y dejar secar. Unir con el exágono, colocar cinta de raso por el pasacinto. Repetir los exágonos 3 al frente y 2 por el lado contrario.

## BOLSO DE BEBÉ

### Comienzo

Cortar la tela huata, lienzo, 80 cm. de largo x 40 cm. de ancho. Tejer 70 flores sobre una cadena de 10 puntos, unir en círculo; continuar 21 p. vareta, comenzar 1 punto medio p. 1 cadena al aire, 1 punto medio p. repetir 5 veces. Terminar con 1 hilera de medio p. unir 7 flores (ver diagrama). Realizar alrededor de la misma 22 puntos de ambos lados. Formar exágono sobre esa cadena, 1 hilera de medio p. otra en p. vareta, tejer 30 cm. x 10 cm. de ancho; 4 hileras en p. vareta de ambos lados; aumentando hasta obtener 15 cm. x 25 cm. de largo. Comenzar otros 15 cm. disminuyendo de ambos lados. Finalizar en 20 cm. Tejer tiras de 70 cm. x 4 cm. de ancho, 6 hileras en p. vareta. Terminar 2 hileras medio p.

## Terminación

Pinchar las partes respetando las medidas. Sobre una superficie plana, rociar y dejar secar. Colocar los exágonos en el bolso. Coser tiras y pegar botón.

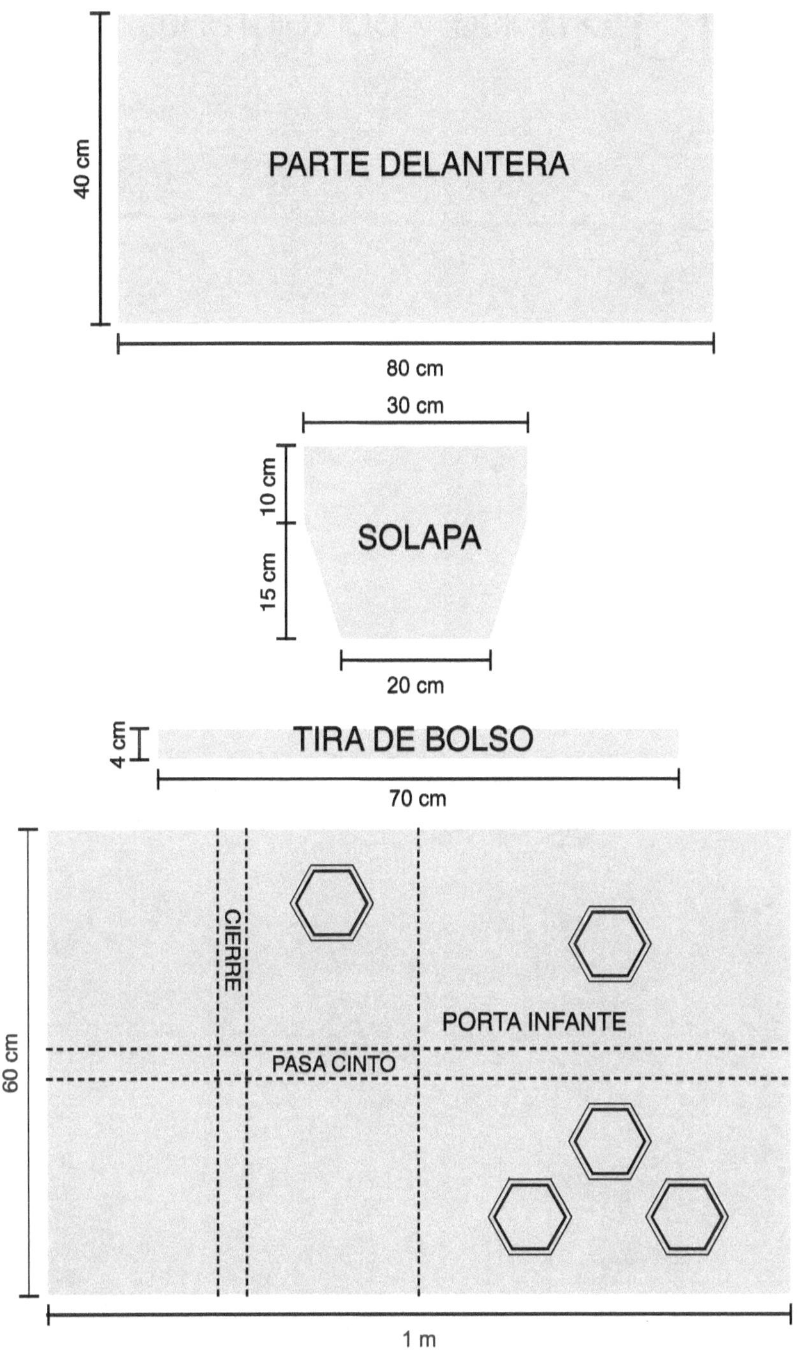

40 cm
PARTE DELANTERA
80 cm
30 cm
10 cm
SOLAPA
15 cm
20 cm
4 cm
TIRA DE BOLSO
70 cm
CIERRE
PORTA INFANTE
PASA CINTO
60 cm
1 m

# 15 >> Bolso y portainfante

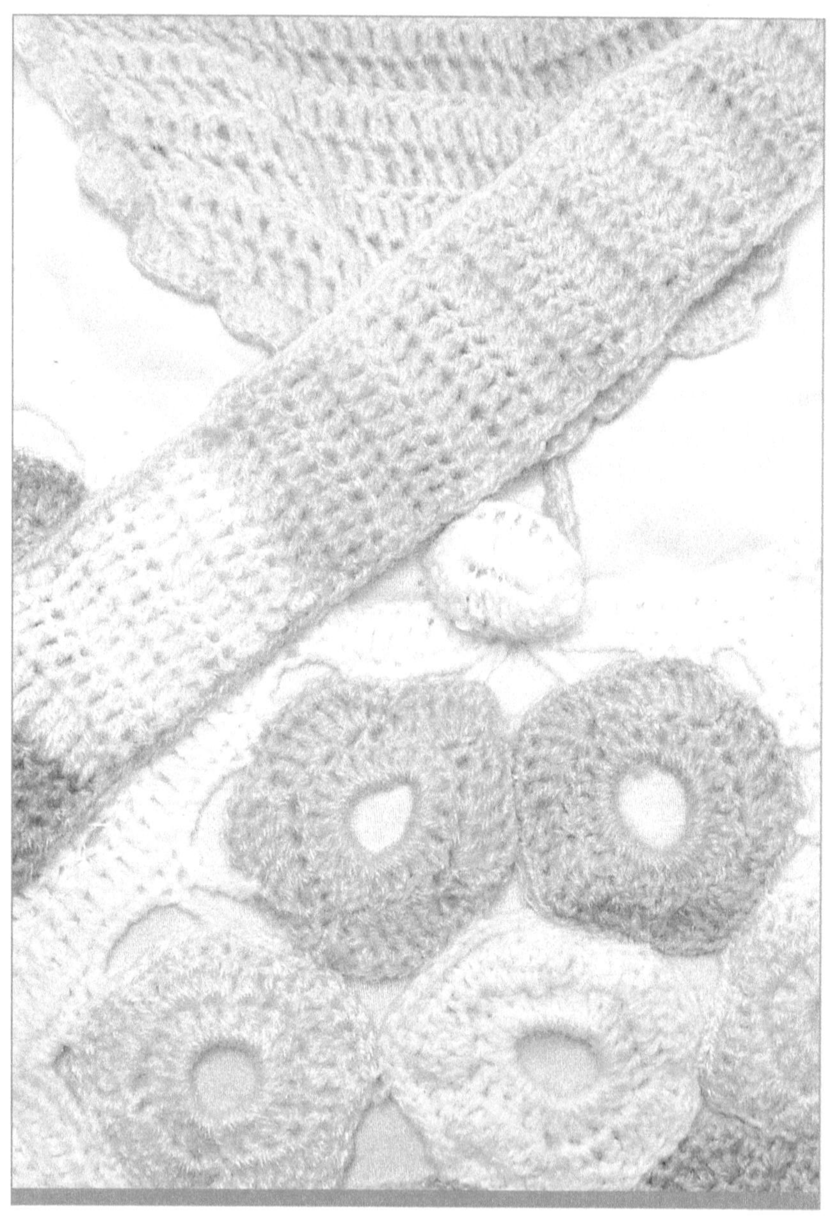

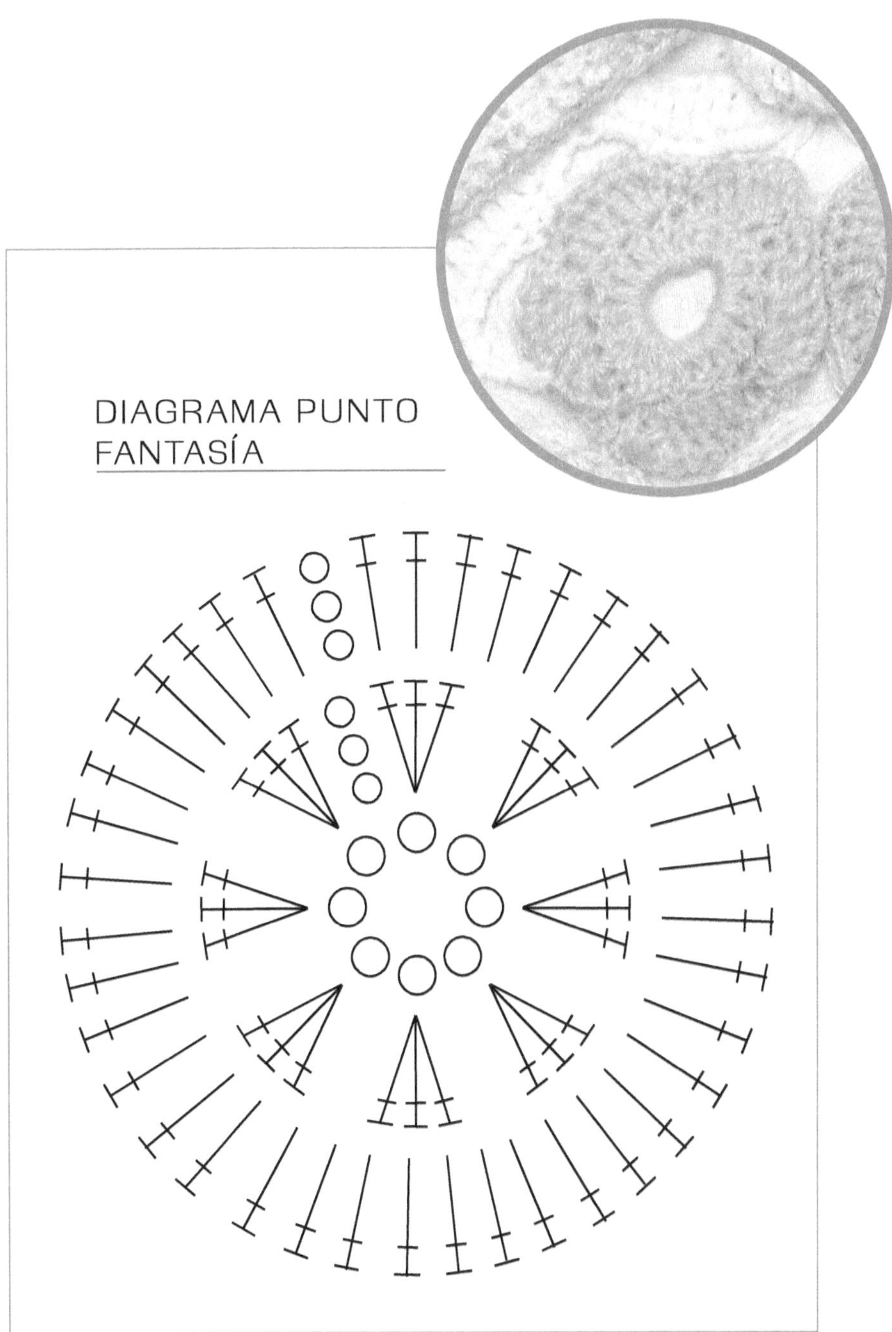

## DIAGRAMA PUNTO FANTASÍA

# 16 Zona de juegos

## MATERIALES

- 80 grs. de hilo macramé.
- Aguja de crochet Nº 0.

## MUESTRA

10 cm. = 20 puntos

## PUNTOS UTILIZADOS

P. cadena, p. vareta.

### Comienzo

Sobre una base de 15 cm x 15 cm. tejer en vareta respetando las medidas hasta obtener 17 hileras. Realizar 6 veces.

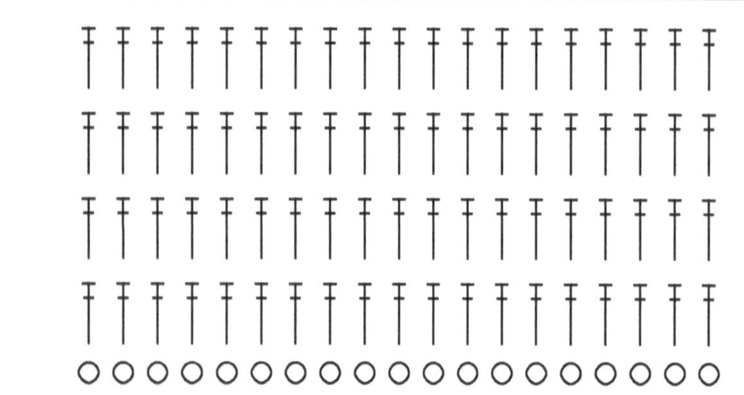

## DIFICULTAD

- Fácil

## PUNTOS UTILIZADOS

| | |
|---|---|
| Punto cadena | O |
| Punto vareta | T |

# 17 Botella vestida

## MATERIALES

• 70 grs. de hilo blanco sedado.
• 20 grs. hilo macramé rojo y negro.
• Aguja de crochet Nº 0.

## MUESTRA

10 cm. = 20 puntos

## PUNTOS UTILIZADOS

P. cadena, p. vareta x delante, 1/2 vareta, p. raso, 1/2 punto.

Comienzo
Sobre una base de 40 cm., tejer 4 hileras en 1/2 vareta, intercalando colores hasta llegar al cruce de varetas. Subir con cadenas, realizar 2 varetas cruzadas insertadas por delante, en la hilera anterior, tejer 1/2 vareta. Repetir hasta finalizar hilera. Continuar con 1/2 vareta hasta obtener 4 cm., de alto. Comenzar el escote, dividir el tejido por la mitad. En la primera mitad seguir tejiendo en 1/2 vareta 4 cm., de alto, continuar y finalizar con una

## DIFICULTAD

• Medio

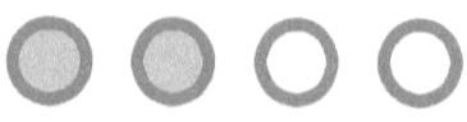

## PUNTOS UTILIZADOS

| | |
|---|---|
| Punto cadena | O |
| Vareta insert. x delante | ⌇ |
| Medio punto | × |
| Punto 1/2 vareta | T |
| Punto raso | ⌒ |

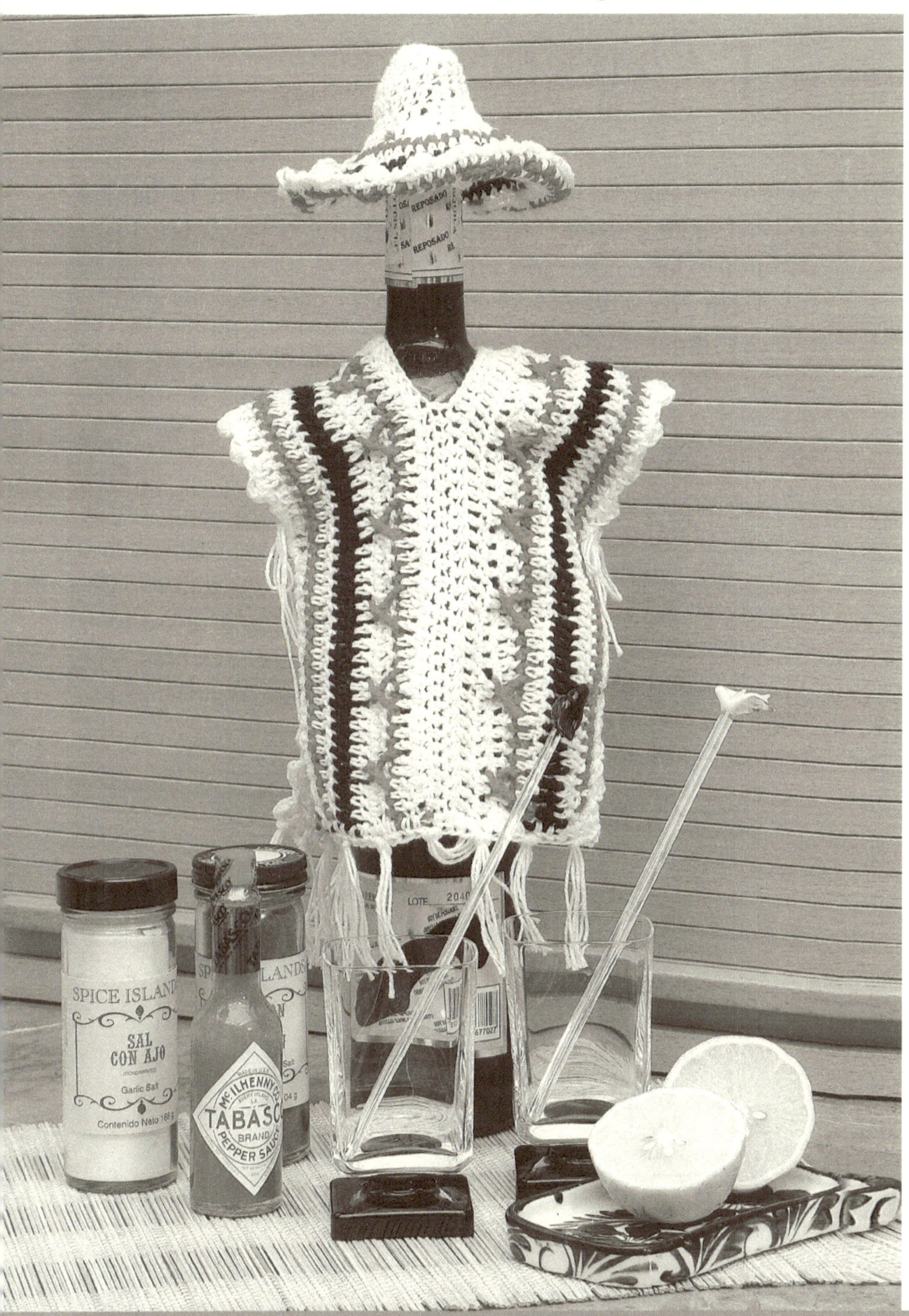

# 17 >> Botella vestida

cadena de 20 cm., intercalar colores, realizar vareta cruzada igual al lado contrario, en los 4 cm., de ancho, cortar hebra y rematar. Levantar los puntos del centro para formar el escote, realizar 2 puntos rasos, 1 medio punto, continuar con 1/2 vareta. Siguiente hilera tejer 1/2 vareta, en los 3 últimos puntos base, dejar en suspenso. Subir con cadenas, realizar 2 puntos raso, 1 medio punto, continuar con 1/2 vareta. Repetir del lado contrario, unir el centro con hilera de 1/2 vareta. (ver diagrama)

## GORRO

Sobre una cadena, tejer en círculo 8 medios puntos, aumentar regularmente hasta obtener 2 cm. de diámetro, continuar sin aumentar, otros 2 cm. Siguiente hilera aumentar en cada punto para dar amplitud al gorro, tejer sin aumentar 3 hileras más en 1/2 vareta, realizar vareta cruzada en hilo rojo. (ver diagrama)

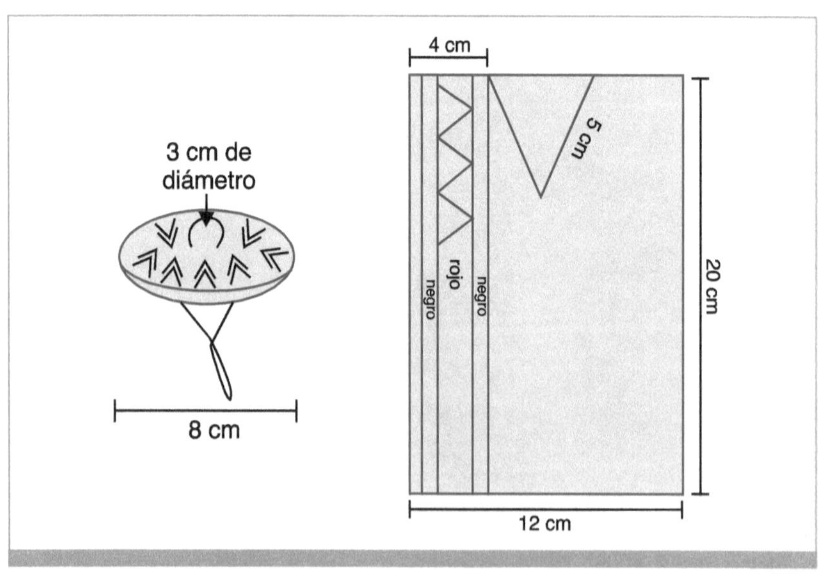

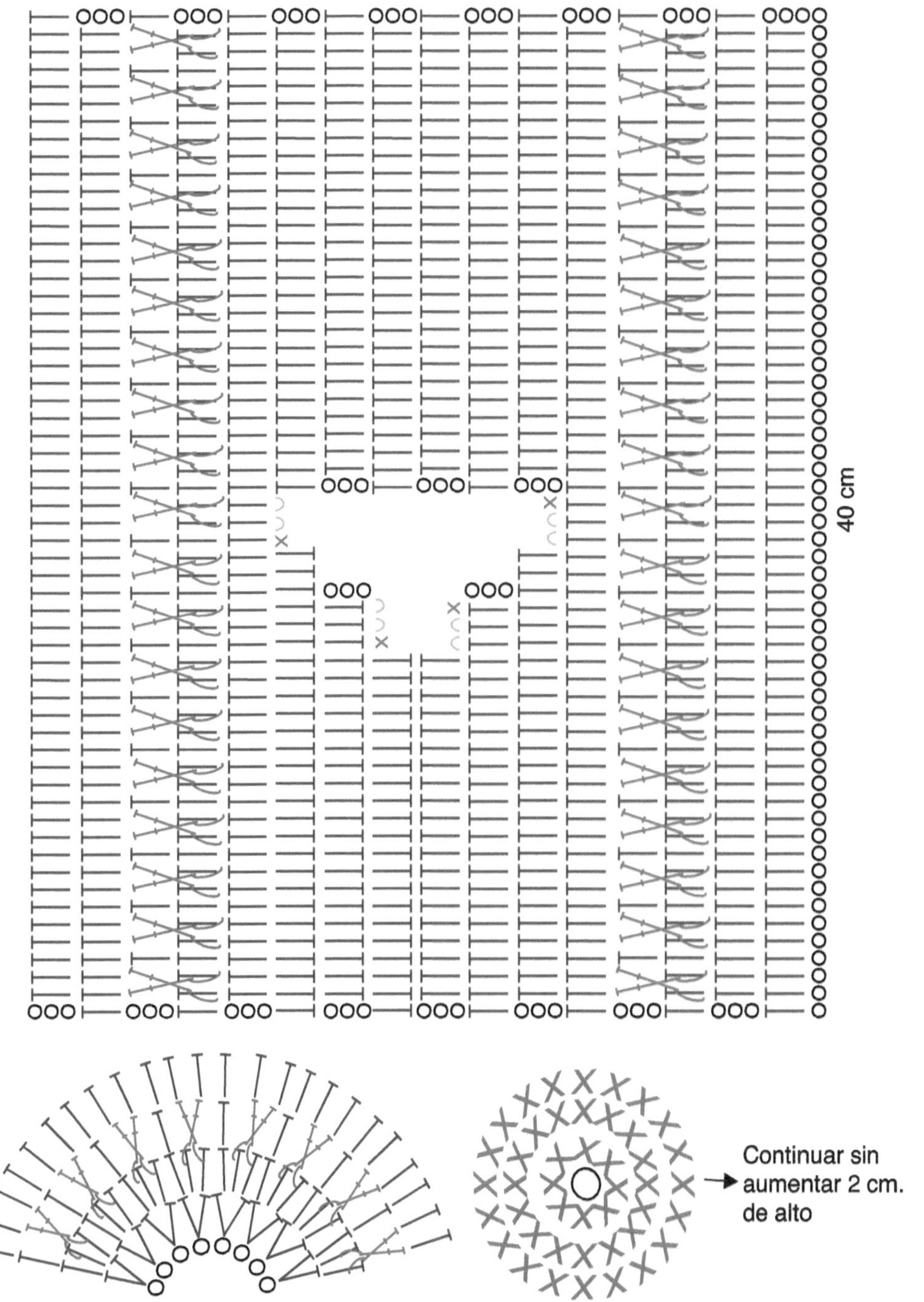

40 cm
Continuar sin
aumentar 2 cm.
de alto

# 18 Reposera para descansar

## MATERIALES

- 280 grs. de hilo gaspeado.
- 80 grs. de hilo verde grueso.
- Aguja de crochet N° 3.

## MUESTRA

10 cm. = 20 puntos

## PUNTOS UTILIZADOS

P. cadena, p. vareta, 1/2 punto.

### Comienzo

Sobre una base de 30 cm. Tejer con hilo gaspeado en vareta hasta obtener 1 m. de largo. Cortar hebra. Continuar tejiendo con hilo verde grueso, bordear el tejido en vareta, realizar desde los 2 cm. de cada lado 1 hilera en vareta. Próxima hilera en 1/2 punto. Siguiente hilera en vareta.

### Terminación

Tejer en los extremos con hilo verde grueso 10 cm. en vareta. Cortar hebra. Unir a la tela de 40cm. x 1,15 m. con punto invisible. Unir el tejido en la parte superior e inferior de la reposera.

## DIFICULTAD

- Medio

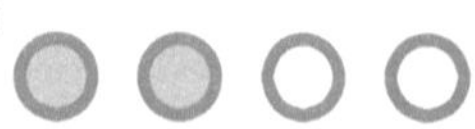

## PUNTOS UTILIZADOS

| | |
|---|---|
| Punto cadena | O |
| Punto vareta | ┬ |

# 18 >> Reposera para descansar

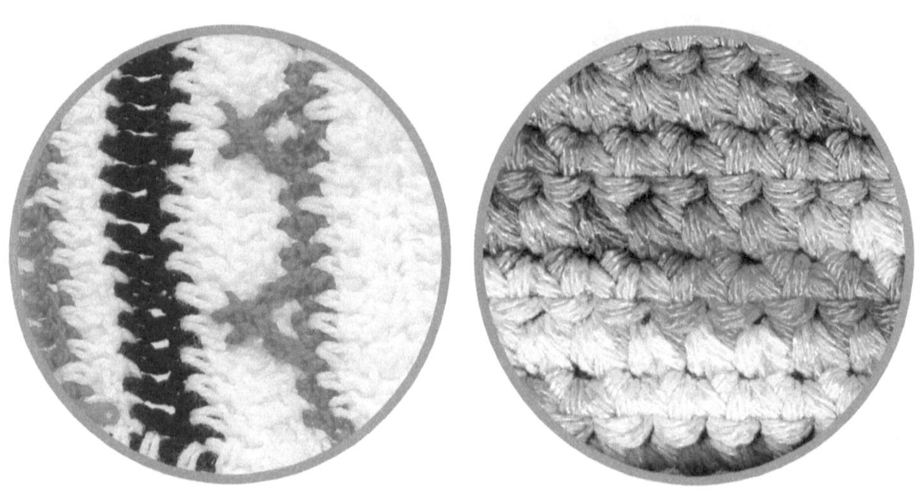

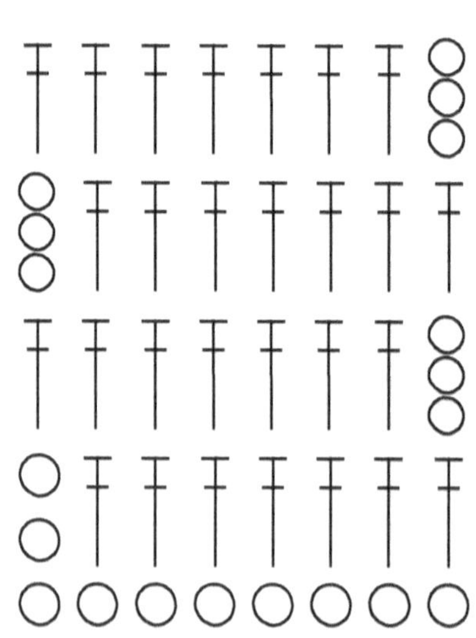

# 19 Mariposa decorativa

## MATERIALES

- 120 gr. hilo blanco.
- Aguja de crochet Nº 0.

## MUESTRA

10 cm. = 20 puntos

## PUNTOS UTILIZADOS

P. cadena, p. vareta, medio p., doble vareta, p. fantasía.

### Comienzo

Sobre una base de 4 cadenas, tejer 14 varetas, continuar con 20 varetas, 11 varetas separadas por 3 cadenas cada una. Tejer 3 varetas separadas por 3 cadenas al aire, 3 varetas insertadas en las 3 cadenas base. Subir con 3 cadenas, tejer en las 3 cadenas base, 3 varetas, 3 cadenas al aire, 3 varetas en las 3 cadenas base, saltar 3 varetas base, tejer 2 varetas en las 3 cadenas base, hacer 6 cadenas, 2 varetas en las 3 cadenas base anteriores. Sobre el círculo tejido, dividir en 4 partes iguales dejando el espacio para las antenas.

## DIFICULTAD

- Muy difícil

## PUNTOS UTILIZADOS

| Punto cadena | O |
| --- | --- |
| Punto vareta | ⊤ |
| Medio punto | ✕ |
| Punto doble vareta | ⊤ |

# 19 >> Mariposa decorativa

# 20 Jaboneras

## MATERIALES

- 20 grs. macramé natural.
- 20 grs. macramé, violeta y lila.
- 20 grs. macramé blanco.
- 1 m. cinta bebe lila, blanco y natural.
- 50 cm. cinta de organza.
- Aguja N° 11/2.

## MUESTRA

10 cm. = 20 puntos

## PUNTOS UTILIZADOS

P. cadena, p. vareta, medio punto, vareta doble, punto raso, vareta triple, 1/2 vareta.

## JABONERA OVALADA

Sobre una base de 14 puntos

## DIFICULTAD

- Difícil

más 3 puntos para girar, tejer según indica el diagrama, reemplazando en todas las hileras el 1er punto por la cantidad de cadenas indicados y terminando cada hilera en punto raso. Tejer otra igual para la parte inferior.

### Terminación

Pasar la cinta por la anteúltima hilera modo de pasacinta, tomando las 2 partes, realizar un moño.

| PUNTOS UTILIZADOS | |
|---|---|
| Punto cadena | O |
| Punto 1/2 vareta | T |
| Punto vareta | ⊤ |
| Punto doble vareta | ⊤ |
| Triple vareta | ⊤ |
| Punto raso | ⌒ |
| Medio punto | × |

# 20 >> Jaboneras

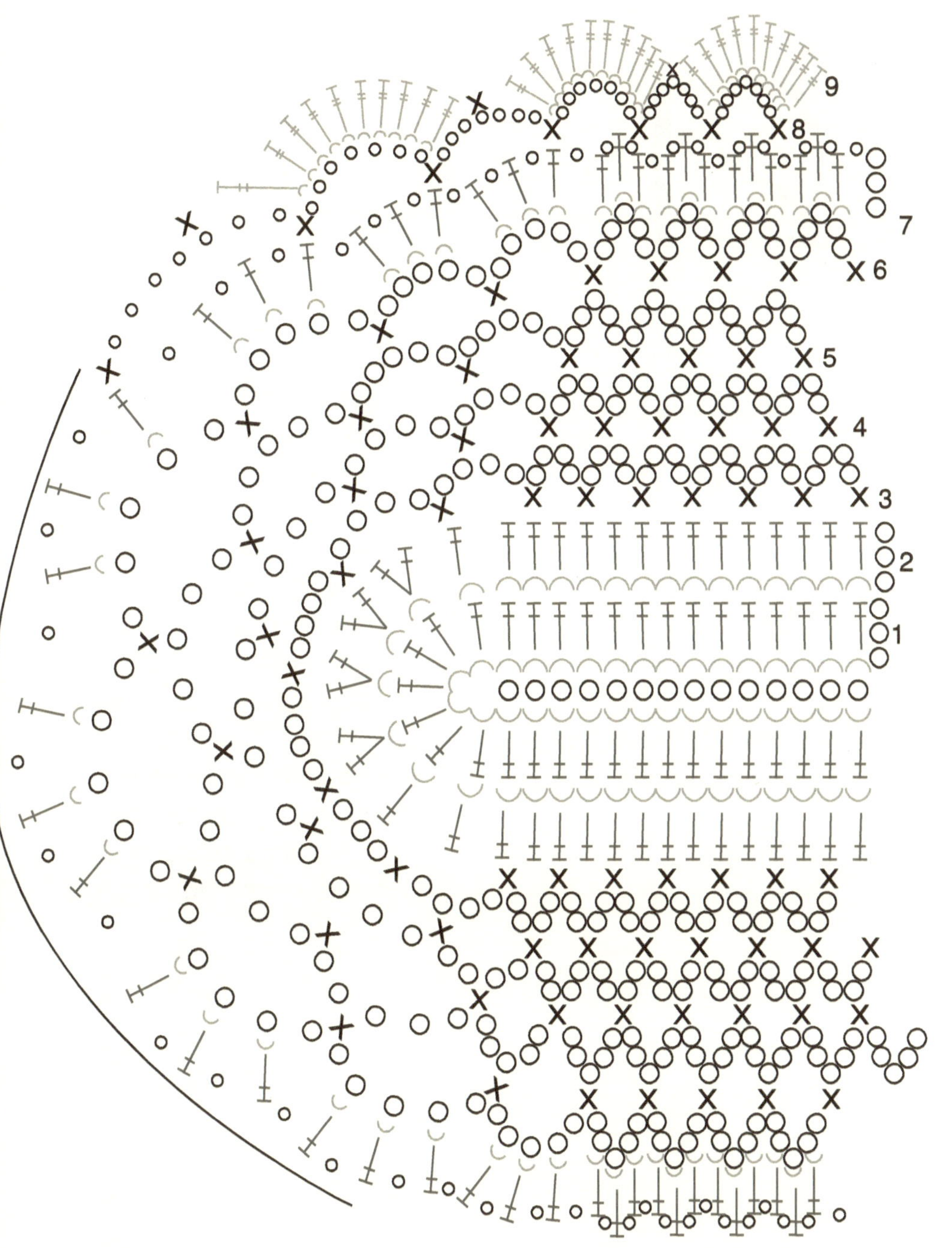

9
8
7
6
5
4
3
2
1

# 21 Carpeta fantasía

## MATERIALES

• 400 grs. hilo de algodón gruesito.
• Aguja N° 3 1/2.

## MUESTRA

10 cm. = 20 puntos

## PUNTOS UTILIZADOS

P. cadena, p. vareta, 1/2 vareta, medio punto, p. raso.

### Comienzo

Sobre una base de 10 cadenas, unir y tejer en círculo. Próxima hilera realizar 3 cadenas para subir 23 varetas. Siguiente hilera tejer 3 cadenas para subir, 1 vareta en cada vareta de base y 1 cadena entre cada vareta. Próxima hilera continuar con 3 cadenas para subir, 4 _ varetas enlazadas, 2 cadenas, _ vareta enlazadas. Siguiente hilera tejer 6 cadenas insertar con medio punto en cadena de base. Próxima hilera tejer 7 cadenas, medio punto en el

## DIFICULTAD

• Medio

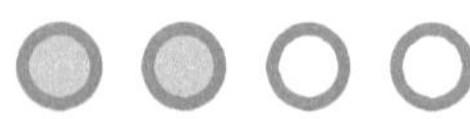

## PUNTOS UTILIZADOS

| | |
|---|---|
| Punto cadena | O |
| Punto vareta | Ŧ |
| Punto 1/2 vareta | T |
| Medio punto | ✕ |
| Punto pico | ⅄ |

# 21 >> Carpeta fantasía

centro de cadena de base. 7° vuelta tejer 8 cadenas insertar con medio punto en el centro de cadena anterior. 8° vuelta tejer 3 cadenas, 5 varetas con 1 p. pico entre las varetas de base, 3 cadenas insertar con medio punto en cadena de base. Siguiente tejer 3 cadenas y repetir. Desde la hilera uno hasta la cuatro tejer de un color, de la hilera 5 hasta la 8 de otro color. Realizar 25 piezas. Colores invertidos.

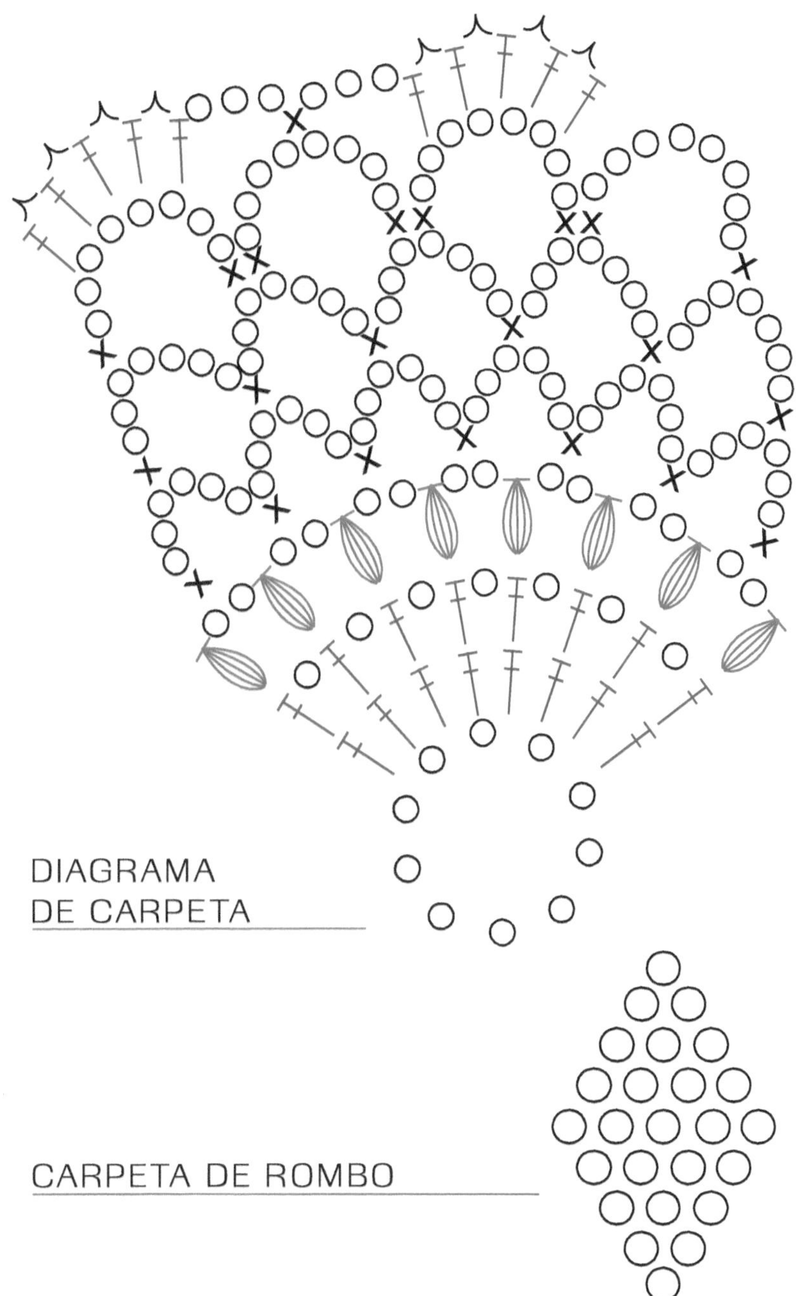

## DIAGRAMA
## DE CARPETA

## CARPETA DE ROMBO

www.ingramcontent.com/pod-product-compliance
Lightning Source LLC
Chambersburg PA
CBHW051214250726
48655CB00006B/2403